 Imprimé par Pollina à Luçon (85) France. Photocomposition et mise en page des éditions Sud Ouest à Bordeaux. Photogravure de Photogravure d'Aquitaine à Bordeaux (33). Couverture tirée par l'imprimerie Raynard à La Guerche de Bretagne.
Imprimeur : 77390 - Editeur : 431.03.02.04.99 - ISBN : 2.87901.176.0

La vie d'autrefois dans les Landes

Jean-François Ratonnat

La vie d'autrefois dans les Landes

EDITIONS SUD OUEST

*Le département des Landes, extrait de l'*Atlas Migeon, *paru en 1879. (coll. J.F.R.)*

Les Landes vers 1880

« Autrefois, écrivent les auteurs de l'atlas Migeon paru en 1879, les eaux stagnantes des marécages situés sur la plus grande partie du département, étiolaient les classes infortunées qui y végétaient et dont la plupart mourait de fièvres ; alors que les résiniers, maigres et voués à une mort précoce, vivaient dans de mauvaises cabanes sous les forêts humides. »

C'était avant que la loi impériale de 1857 n'ordonne d'assécher et d'ensemencer le terrain, ce qui va changer le paysage, réduire la lande de plus de 100000 ha et faire place à une jeune forêt appelée à devenir magnifique. C'est la raison pour laquelle, déjà à cette époque, « on rencontre de moins en moins d'aouillys, ces bergers juchés sur des grandes perches de 5 à 6 pieds, vêtus d'une peau de mouton et d'un bonnet de laine et qui, surveillant immobiles leur troupeau, ressemblent à ces apparitions fantastiques tant redoutées du landais. » Est-ce pour cela qu'au temps de la Grande Mademoiselle, la petite fille d'Henri IV, il se dit que les Landes sont un pays malsain peuplé de gnomes hideux ?

Les Landais sont-ils à ce point superstitieux, eux dont le sang bouillonnant demande des émotions fortes comme les courses de taureaux ou de vaches ?

Leur caractère rappelle que ce département, avant d'exister, fait partie de trois provinces distinctes : la Guyenne, le Béarn et la Gascogne, et qu'il en reste des traces. Au sud domine l'esprit béarnais, vif et enjoué, au centre est le vrai sang landais, conservant religieusement les coutumes de ses ancêtres alors que vers le nord, se rencontre déjà le type bordelais. Cependant, le point commun à tous est une robuste constitution, une nature active, même si la taille est en dessous de la moyenne, et une réelle ardeur auprès des femmes.

C'est au confluent de la Douze et du Midou que Pierre de Lobaner fonde Mont-de-Marsan en 1133. (coll. José Sainz)

Toujours selon l'atlas Migeon de 1879, les Landes, qui tiennent leur nom d'une partie de leur paysage, ont une superficie de 932 131 ha. Seule la Gironde voisine est plus étendue. Elles comptent à cette époque 303 508 habitants répartis dans les 333 communes des 28 cantons de ses 3 arrondissements.

Celui de Mont-de-Marsan, son chef-lieu, a 12 cantons : Arjuzanx (en 1886, Morcenx-gare en pleine expansion prendra la place d'Arjuzanx comme chef-lieu de canton), Gabarret, Grenade-sur-l'Adour, Labrit, Mimizan, Mont-de-Marsan, Parentis-en-Born, Pissos, Roquefort, Sabres, Sore et Villeneuve-de-Marsan, pour 117 communes et 109 272 habitants.

Celui de Dax compte 8 cantons : Castets, Dax, Montfort, Peyrehorade, Pouillon, Saint-Martin-de-Seignanx, Saint-Vincent-de-Tyrosse, et Soustons pour 107 communes et 109 677 habitants.

Enfin celui de Saint-Sever regroupe 8 cantons : Aire-sur-l'Adour, Amou, Geaune, Hagetmau, Mugron, Saint-Sever et deux pour Tartas, pour 109 communes et 84 599 habitants.

Le centre des affaires à Mont-de-Marsan, dont la Caisse d'Épargne construite par Henri Despru. (coll. José Sainz)

« Le fleuve Adour partage le département en deux parties inégales et géographiquement très différentes : la Chalosse et les Landes... Le sol est fertile en Chalosse et dans le bassin de l'Adour où l'on rencontre des pâturages. Le pays, typiquement agricole, produit des céréales : millet, maïs, lin, en quantité insuffisante pour ses besoins. On trouve ici des vins de bonne qualité sur 20 670 ha, ce sont les rouges de Messanges, Capbreton, Soustons et Vieux-Boucau, ceux-là récoltés dans les dunes, et les blancs ordinaires de Saint-Loubouer, Castelnau-Tursan, Ugons et Gaujacq.

L'élevage est la principale richesse avec des chevaux et des moutons améliorés par de belles bergeries. Il y a aussi des abeilles, des vers à soie, des sangsues et une certaine pêche côtière. »

« Les exploitations minérales concernent le fer, le bitume, la tourbe, le falun en abondance, les pierres meunières, l'argile, le gypse. Les sources sont nombreuses, les plus fréquentées étant à Dax, Préchacq et Eugénie-les-Bains. »

« L'industrie s'occupe surtout de la forêt, exploitée sur 226 645 ha. Les planches, la poix, la résine, le brai et le goudron en sont les principales

Un marchand de glaces à Dax. (coll. José Sainz)

Mézos au temps des premières automobiles. (coll. José Sainz)

productions. Le commerce exporte l'eau de vie d'Armagnac, des toiles à voile, de l'huile de lin, de noix, de la faïence, de la poterie et du verre. »

Enfin, toujours selon l'atlas Migeon de 1879, « l'instruction publique est donnée dans un lycée et un collège, trois établissements secondaires, une école normale d'instituteurs à Dax, un cours normal d'institutrices, un pensionnat primaire, 223 écoles primaires de garçons, 204 de filles, 112 mixtes, deux séminaires, deux bibliothèques publiques et une société savante. »

De Mont-de-Marsan, les premières données ou du moins, les plus habituelles, disent qu'en 1133 Pierre de Lobaner, vicomte de Marsan, fonde un castelnau (ville forte autour d'un château) au confluent de la Douze et du Midou. La ville nouvelle située sur le chemin de Saint-Jacques-de-Compostelle a rapidement une intense vie religieuse.

Choisie plus tard chef-lieu lors de la création des départements, Mont-de-Marsan affirme une vocation administrative qui ne la quittera plus. Dans la première moitié du XIXe siècle, elle se dote d'une préfecture, d'un palais de

Aire-sur-l'Adour en 1900. (coll. José Sainz)

Justice, de halles, d'une gendarmerie, d'une prison et d'une caserne. L'église de la Madeleine est construite de 1825 à 1830 à la place de l'ancienne église gothique. Dans la seconde moitié du siècle, Mont-de-Marsan reste à l'écart de la révolution industrielle tout en profitant largement de la forêt. La population augmente légèrement grâce à l'annexion des villages de Saint-Médard, Saint-Jean d'Août, de Nonères et d'une partie de Saint-Pierre-du-Mont en 1866, tandis que la ville s'étend par la construction de l'habitat qui s'éloigne de plus en plus du centre.

Henri Despruneaux, nommé architecte communal en 1893, est associé aux projets du Cercle Militaire en 1900 et de la Caisse d'Épargne. Il dessine des écoles, des mairies et des églises puisqu'il est en même temps architecte diocésain à partir de 1896.

La création de la ligne de chemin de fer Morcenx-Tarbes passant par Mont-de-Marsan, ne profite que peu à la ville avant tout domaine de la chose administrative.

Tartas, que le chemin de fer écarta des grands axes de communication. (coll. José Sainz)

Naissance de la forêt

La main de l'homme a largement modifié le paysage du département dont la forêt originelle, connue bien avant l'époque gallo-romaine, pousse naturellement le long des rivières et sur le littoral. En 1800, elle couvre 250 000 hectares, le reste étant constitué de lande plus ou moins marécageuse, domaine incontesté du berger.

En bordure de mer, les dunes mouvantes, érodées par le vent du large et l'eau des courants, envahissent, étouffent et ensevelissent les villages et la forêt. Pour se protéger de ce phénomène, les hommes doivent stabiliser le sable et canaliser les courants, ces petits ruisseaux de quelques kilomètres qui se jettent dans l'Océan.

Localement, la fixation des dunes est entreprise dès le XVIIIe siècle, mais ce n'est qu'avec la création par l'État de la Commission des Dunes que les travaux, s'inspirant de ceux des propriétaires landais, avancent sérieusement. En 1817, 4 000 hectares de sable sont fixés et, en 1825, tout le littoral est stabilisé. A partir de 1862, les Eaux et Forêts entretiennent avec succès le cordon dunaire, que les événements de 14-18 puis de 39-45 mettront à mal. (Ce n'est qu'en 1950, à coups de bulldozer, que le profilage idéal est repris).

En ce qui concerne les courants, plusieurs d'entre eux sont normalement canalisés par des digues dans leur partie finale (celui de Vieux-Boucau ou celui de Mimizan en 1880), mais d'autres, comme le courant d'Huchet, ne le sont pas malgré les nombreux projets à cet égard. Les municipalités de Moliets, village sur son embouchure et la IIIe République ne se mettant pas d'accord, le courant poursuit son errance dans les dunes, se dirige vers le sud, et menace d'écrouler le poste des douanes qu'il faut déplacer.

« Pourquoi le courant d'Huchet, qui sert de déversoir aux eaux de l'étang de Léon, n'est pas fixé à un point quelconque du littoral, tandis que ceux de

12. TYPE LANDAIS — Un Echassier M. D.
Phototypie Marcel Delboy, Bordeaux

La pêche de l'alose est traditionnelle dans le Sud-Ouest. Elle se pratique à l'aide de grands filets nécessitant la force de plusieurs hommes pour les ramener sur la berge. (coll. José Sainz)

Ci contre :
L'échassier, personnage uniquement Landais. Il est berger mais aussi facteur, chasseur... Les échasses sont un moyen de locomotion rapide, par la longueur des enjambées qu'elles permettent. (coll. J.F.R.)

Mimizan, de Contis, de Vieux-Boucau et de Capbreton le sont déjà depuis longtemps ? », demande en 1897 le maire de Molliets à l'administration.

Une décision semble prise en 1901 quand les Eaux et Forêts construisent une digue de 362 m de long, 3 de large et 2 de haut, faite de poteaux de pins maritimes entremêlés de fascines. La IIIe République, qui fait souvent traîner les choses faute de moyens financiers, poursuit les travaux en 1906 et 1910, en pure perte car, conséquence des guerres, le courant dérive toujours et son embouchure reste fluctuante.

La pêche.

Les courants et les étangs qu'ils traversent ou alimentent, abondent en poissons qui font l'objet d'une pêche professionnelle, dont l'un des modes le plus typique est la pêche à la nasse, pratiquée de Vieux-Boucau à Sanguinet.

La jeune anguille remonte de la mer vers les étangs en empruntant les courants. Bien sûr l'homme a, très tôt, remarqué le manège et piégé le poisson à l'aide de nasses posées aux points stratégiques. Le nassayre (pêcheur à la nasse) bâtit dans la concession qu'il a obtenu par fermage, des broustes, c'est-à-dire des amas de branchage immergés et maintenus par des piquets, où l'anguille se réfugie et se reproduit. Ces constructions dirigent le poisson directement vers les nasses, grands filets coniques autrefois en coton, d'où il ne peut ressortir.

Les premières adjudications de pêche à la nasse dans l'étang de Sanguinet datent de 1891, et imposent au nassayre de livrer deux fois par semaine 5 kg d'anguilles au marché, obligation très vite modifiée pour englober toutes espèces de poissons.

En 1906, 17 concessions de nasses trouvent preneurs, les Pêcheries du Golfe, d'Arcachon, enlevant les trois plus grosses, suscitant de ce fait la colère des pêcheurs locaux, mais signifiant bien l'importance de cette industrie au début du siècle.

Sans être une activité première du département, la pêche existe et emploie assez de personnel. Elle est aussi source de revenus non négligeables pour les communes qui instaurent des droits de pêches. Ainsi fait Lit-et-Mixe, sur tous poissons et sangsues pris dans le courant de Contis.

Plus loin dans les terres, sur les bords de l'Adour, Port-de-Lanne compte à la même époque près de 150 pêcheurs envoyant deux tonnes de poissons par jour à la gare d'Orthevielle. Ce sont surtout des saumons dont la pêche commence en janvier, après que les professionnels de Peyrehorade et de sa région aient tiré au sort le jour de pêche qui leur est dévolu.

La traditionnelle pêche de l'alose se pratique avec de grands filets ramenés sur la berge par plusieurs hommes. Exercice fatiguant mais rentable puisqu'une prise de 35 poissons est réalisée en un seul coup de filet le jour de l'ouverture à Toulouzette en 1905.

Le courant d'Huchet. (coll. J.F.R.)

Le littoral, c'est aussi les stations balnéaires, toutefois peu nombreuses. Mimizan et Capbreton sont les principales, du moins les plus connues de la Côte d'Argent. Si Capbreton se développe, Mimizan n'a qu'une plage à 3 km du bourg. Quelques maisons près des dunes signalent l'emplacement de la plage où affluent les Mimizanais et les Landais. (coll. José Sainz)

La pêche en mer est l'apanage des marins de Capbreton où l'association syndicale des patrons de pêche et armateurs obtient une subvention de la Chambre de Commerce en 1905. En 1918, 16 bateaux emploient encore 100 marins. Mais les marins partent aussi de plusieurs bourgs du littoral. L'année 1905 ne leur semble pas favorable puisqu'en janvier, 5 d'entre eux originaires de Vieille-Saint-Girons périssent en mer. Quelques mois plus tard, trois hommes de Mimizan partis sur une grande pinasse se laissent entraîner en haute mer et se trouvent en perdition. Le vapeur Morse réussit à les ramener au port d'Arcachon, mais ils ont eu chaud !

Jusqu'en 1903, on trouve encore des huîtres dans le lac d'Hossegor, résultat de tentatives ayant englouti plus d'espoirs et d'argent que généré de bénéfices.

La fixation des dunes et la domestication des courants permettent d'aller plus avant dans la conquête de la lande. Les travaux menés depuis longtemps par les propriétaires landais et repris par les ingénieurs sont à l'origine de la loi impériale du 19 juin 1857, imposant le reboisement et l'assainissement du

Les scieurs de long exécutent un travail extrêmement pénible où la coordination des mouvements est primordiale. (coll. J.F.R.)

marais landais. Assez malsain, il est le foyer de maladies telles que le paludisme qui en 1873 emporte, en 48 heures, Nuna Turpin, maire de Lit-et-Mixe et son fils. Ironie du sort, ils sont beau-frère et neveu d'Henri Crouzet auquel Napoléon III confie l'assainissement des Landes.

L'empereur en effet aime ce département. Il y laisse un fils naturel, le comte d'Orx et surtout, il y achète un domaine de 8 000 hectares de terres incultes dans la Grande Lande, qu'il baptise Solférino, et à la tête duquel il place Henri Crouzet. L'homme, possédant une parfaite connaissance du terrain et des drainages pratiqués par les landais, est considéré comme l'inspirateur de la loi de 1857.

A Solférino, il réussit si bien dans son entreprise que le domaine impérial devient terre d'expérience de premier ordre. Il créé de nombreuses routes agricoles, impose de nouvelles cultures et assèche en même temps le marais d'Orx. Il avait épousé Elisa Turpin, descendante de L.M. Desbiey, auteur des premiers travaux de fixation des dunes au XVIIIe siècle. Deux de leurs enfants, Louis et Félix, seront maires de Lit-et-Mixe de 1879 à 1919 et de Saint-Julien-en-Born de 1884 à 1892.

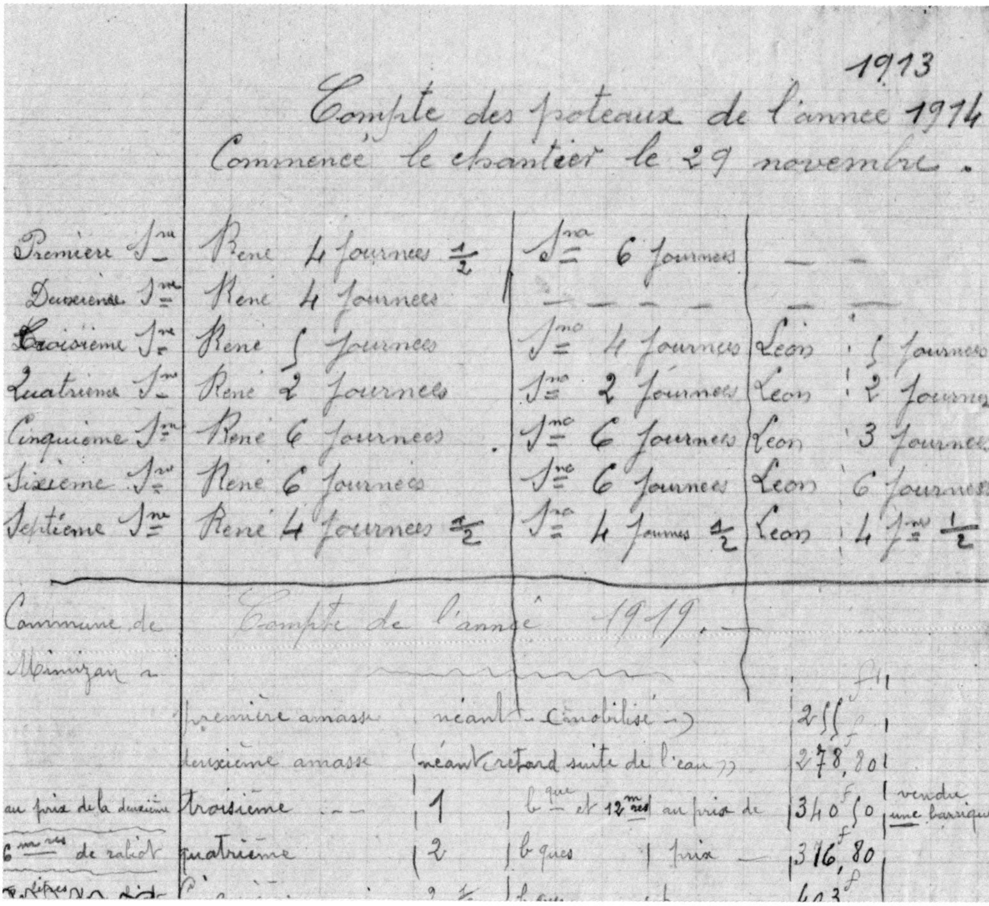
1913
Compte des poteaux de l'année 1914
Commencé le chantier le 29 novembre.

Première S.me	René 4 journées 1/2	S.me 6 journées	— —	
Deuxième S.me	René 4 journées	— — — —	— —	
Troisième S.me	René 5 journées	S.me 4 journées	Léon	5 journées
Quatrième S.me	René 2 journées	S.me 2 journées	Léon	2 journées
Cinquième S.me	René 6 journées	S.me 6 journées	Léon	3 journées
Sixième S.me	René 6 journées	S.me 6 journées	Léon	6 journées
Septième S.me	René 4 journées 1/2	S.me 4 journées 1/2	Léon	4 j.nées 1/2

Commune de Mimizan — Compte de l'année 1919.

	première amasse	néant – (mobilisé)		255 f	
	deuxième amasse	néant retard suite de l'eau		278,80	
au prix de la deuxième	troisième	1	b.que et 12 m.res au prix de	340 f 50	vendue une barrique
6 m.res de rabiot	quatrième	2	b ques prix	316,80	
[illegible]	[illegible]	[illegible]	[illegible]	403 f	

Cahier comptable d'un forestier de Mimizan.

Les bûcherons des Landes, personnages mythiques des forêts, premiers maillons de l'industrie du bois. (coll. José Sainz)

Si la loi de 1857 est à l'origine de ce qui sera un siècle plus tard le plus grand massif forestier d'Europe, elle accélère par contrecoup le déclin des bergers et des troupeaux de moutons qui, voyant leur territoire se rétrécir comme peau de chagrin, passent de 527 000 bêtes en 1862 à 298 000 en 1890.

Il est vrai que, dans ce pays trop sec, les bergers hâtent l'herbe par écobuage, c'est-à-dire en brûlant les taillis dont les cendres fertilisent le sol. Et bien sûr, ils sont accusés des grands incendies ravageurs des landes. Celui de Luglon en mars 1884 est catastrophique pour la commune voisine d'Arengosse. Une fois circonscris le conseil municipal vote un litre de vin à tous ceux qui l'ont combattu. Le sénateur Raphaël Milliès-Lacroix, homme de franchises communales, cherche à harmoniser forêt et pacage, ce pacage qui reprend, par incinérations abusives le terrain conquis par le reboisement. La forêt envahit la lande et les vacants communaux, et le feu envahit la forêt. Non seulement les bergers, mais la lande elle-même paraît dangereuse. Vers 1910, le désert de Morcenx est encore le domaine de la peur. En fait, tous les

Les bergers, avant la loi impériale de 1857, sont les maîtres de la lande, qu'ils brûlent pour hâter la repousse des jeunes plantes, nourriture privilégiée de leurs troupeaux. (coll. José Sainz)

travailleurs de la forêt représentent un danger pour elle, que ce soient les bûcherons, résiniers ou charbonniers, ces derniers voyant leur métier sévèrement réglementé.

En 1880, 800 000 hectares sont boisés de pins maritimes et l'économie locale se tourne entièrement vers cette production, qui donne des poteaux de mines au Pays de Galles en échange de charbon pour les forges du Boucau. Autour de cette industrie, toute une chaîne de métiers et d'usines s'installent si bien qu'au siècle dernier, chaque village possède sa scierie fournissant bois de charpente et planches.

Mais le revenu le plus important est procuré par la récolte de la gemme, qui occupe un grand nombre d'ouvriers, les résiniers. Armés d'un hapchot, ils pratiquent une entaille (care) dans l'arbre, permettant à la résine de s'écouler dans un petit pot qui, une fois plein, est versé dans une barrique. (Vers 1750, des essais sans suite ont été tenté avec des cornes de bœufs).

La résine se vend bien, très bien même, et procure d'excellents revenus aux propriétaires de pins, issus de la petite bourgeoisie rurale. A cette époque, Lit-et-Mixe comptent environ 300 résiniers qui partagent à moitié, avec les

Troupeau de moutons paissant dans les Landes ! Image traditionnelle s'il en est, cependant désuète, le mouton de race landaise, petit et robuste, donnant beaucoup de laine, commence à voir ses rangs s'éclaircir à partir de 1857. (coll. José Sainz)

propriétaires des pins, le prix de la barrique. Quand en 1906 les bénéfices de la résine augmentent, les propriétaires du Marensin ne répercutent pas l'augmentation sur la part des résiniers malgré leurs revendications, comme c'est le cas dans d'autres forêts. Alors, sous l'impulsion d'Ernest Ducamin, 27 ans, président du syndicat des résiniers de Lit-et-Mixe et secrétaire de la Fédération, ils se mettent en grève et bien vite, les incidents se produisent.

« Le 4 mars à 21 h, relate la presse locale, les grévistes se portent devant la maison du fils Folin. Des pots de résine sont lancés à l'intérieur de la maison, des vitres sont brisées, la clôture est endommagée. Le maire M. Crouzet arrive sur les lieux et engage les grévistes à se retirer. Ses conseils seraient entendus sans l'arrivée d'un conseiller général, Soulan, gros propriétaire et adversaire politique du maire. Soulan, très agité, somme les grévistes de se retirer immédiatement. Des coups de sifflet l'accueillent, les résiniers l'entourent. Vite, le maire et son adjoint le dégagent et le conduisent au café Darmaillacq, pour qu'il soit en sûreté. Le maire, très affecté par ces événements, annonce immédiatement par télégramme au sous-préfet de Dax qu'il a requis la brigade de gendarmerie de Castets. »

Le gemmage est un travail d'hommes et de femmes. Sur ce document, elles retirent la résine des pots. Ce sont les tuileries de M. Sourgen, de Saint-Paul-les-Dax, qui inventent la presse spéciale qui fabrique ces pots vers 1890. (coll. José Sainz)

Et le 25 mars, 200 hommes de troupes et 8 officiers partent pour Lit-et-Mixe. « Le même jour, écrit le sous-préfet, 250 grévistes armés de bâtons et précédés d'une bande de femmes, cernent le café Darmaillacq où sont réunis quelques propriétaires. Les manifestants essaient de pénétrer dans l'établissement, une bagarre s'ensuit au cours de laquelle un gréviste est appréhendé. Les résiniers veulent délivrer leur camarade, la lutte est violente, deux gendarmes sont blessés à la main. Pendant la lutte, une trentaine de femmes groupées autour du drapeau rouge, encourageaient leurs maris à la résistance. » Quinze grévistes sont arrêtés, dont Ernest Ducamin, qui est transféré à la prison de Dax. Vingt gendarmes à cheval et trois sections d'infanterie l'accompagnent jusqu'à la gare de Linxe !

Les résiniers ne s'en tiennent pas là et votent comme un seul homme la poursuite de la grève. Pour la faire cesser, les propriétaires obtiennent la libération de Ducamin auquel ils préparent un retour triomphal. La voiture du maire l'attend à la gare d'Uza et un arc de triomphe est élevé à l'entrée de Lit-et-Mixe. C'est suffisant pour que les ouvriers reprennent le travail, le 22 avril, sans aucune condition.

Louis Duclos, fondateur du syndicat des résiniers de Sainte-Eulalie-en-Born, le plus important après celui de Lit-et-Mixe, fait 6 mois de prison à l'issue de ces événements. Etienne Darrigade, directeur du journal *la Terre*, est condamné à 5 ans de réclusion lors des grèves de 1909, où il est accusé d'incendie volontaire. Gracié en 1911, il cesse toute activité. Lors de ces nouvelles grèves de 1909, les gemmeurs du Marensin passent en cours d'Assises. Défendus par Maître Joseph Defos du Rau, ils gagnent leur procès et les propriétaires s'inclinent.

Résiniers et agriculteurs sont réglés par le même code rural. Si la tâche des premiers est principalement de récolter la gemme, ils ont en commun avec les seconds la tenue d'une métairie de plus ou moins grande importance et dans bien des cas, leurs journées de travail se confondent. Dans bien des cas aussi, ils ont la misère en commun. Le curé Dutiné, desservant de Linxe, écrit en 1887 que « le commerce dans la paroisse est en désarroi, tant le prix des planches, goudron et charbon est dérisoire. » La misère et Linxe se connaissent depuis longtemps. Au début du XIXe siècle, quatre personnes sont attaquées chez elles par des loups. Deux d'entre elles meurent.

Les Landes, terre agricole

La dernière famine que connaissent les Landes date de 1850. A cette époque en Chalosse, le rendement du blé à l'hectare est de 10 quintaux alors que la densité de la population (70 à 80 habitants au km^2, voire 100 à Montfort), est la plus élevée du département. Rien d'étonnant à cela : « Les Landais travaillent de manière empirique, regardant l'agriculture comme une suite d'opérations fatalement soumises aux influences occultes de la lune », écrit Léon Martes.

Quelques progrès apparaissent 20 ans plus tard quand l'araire en bois cède du terrain à la charrue en fer qui augmente le rendement des labours de près de 20 %. Mais il faut attendre 1900 et l'arrivée de la Brabant, excellent instrument de travail nécessitant un attelage d'une ou plusieurs paires de bœufs, pour voir une réelle amélioration. La main-d'œuvre agricole se compose à plus de 70 % de métayers dont les conditions de bail sont insupportables en Chalosse où le propriétaire prélève la moitié des récoltes. Autant dire que le paysan ne mange pas du pain blanc tous les jours, mais plutôt un mélange de maïs et de froment. C'est pourquoi vers les années 1905-1908, les socialistes landais se lancent dans une campagne de critique du métayage, s'élevant contre les propriétaires terriens possédant parfois dix métairies qui imposent des contrats draconiens, des journées de travail gratuit comparable à la corvée royale, et des redevances en tous genre, dont la dîme, encore perçue en 1914 à Roquefort. Car malgré la loi de 16 juillet 1889 du code rural, les disparités restent grandes entre la zone de Chalosse où les règles remontent à l'époque thermidorienne, et la zone forestière, moins accablée. L'action des juges de Paix qui, de 1892 à 1905 réunissent les notables pour rédiger « les usages locaux et pratiques agricoles usuelles dans les cantons » n'a pour effet qu'entériner ceux-ci. Par exemple, dans les

Ruches landaises recouvertes d'un gros manchon de paille. La récolte du miel est une activité appréciable du métayer, principalement du côté de Pissos et de Luc où l'on dénombre plus de 3000 ruches vers 1850.
La cire sert à fabriquer les chandelles et les cierges pour les décès. (coll. J.F.R.)

communes de Cère et de Caneux-et-Réaux, le partage des céréales se fait au tiers, ailleurs il varie du tiers pour les récoltes de la Saint-Jean, au quart pour le maïs et le millet. A Vert, le métayer apporte au maître un jeune cochon ou, au choix, le plus beau jambon, à Cère, Garein et Labrit, il donne les deux.

Un bail signé le 21 janvier 1900 à Luxey, commune de la Haute-Lande, donne une idée précise des obligations du métayer qui :
« ...s'engage à occuper un troupeau de moutons à partir du 31 mai de la présente année. Il s'engage aussi à prendre un attelage de juments poulinières pour faire les travaux de labourage et autres nécessaires sur la propriété. Les voyages qu'il fera avec cet attelage pour ce qui concerne les réparations des bâtiments de cette métairie seront gratuits. Il devra en outre porter la récolte au grenier du Gauchey gratuitement aussi. Il s'engage à donner une paire de poulets en été, trois douzaines d'œufs et trois paires de chapons le premier de l'an, il partagera la récolte d'été par moitié et celle d'automne par tiers sans exception. Il fournira en outre des légumes qu'il récoltera aux jardins. Il filera deux livres de filasse par femme, il enverra une femme laver la lessive

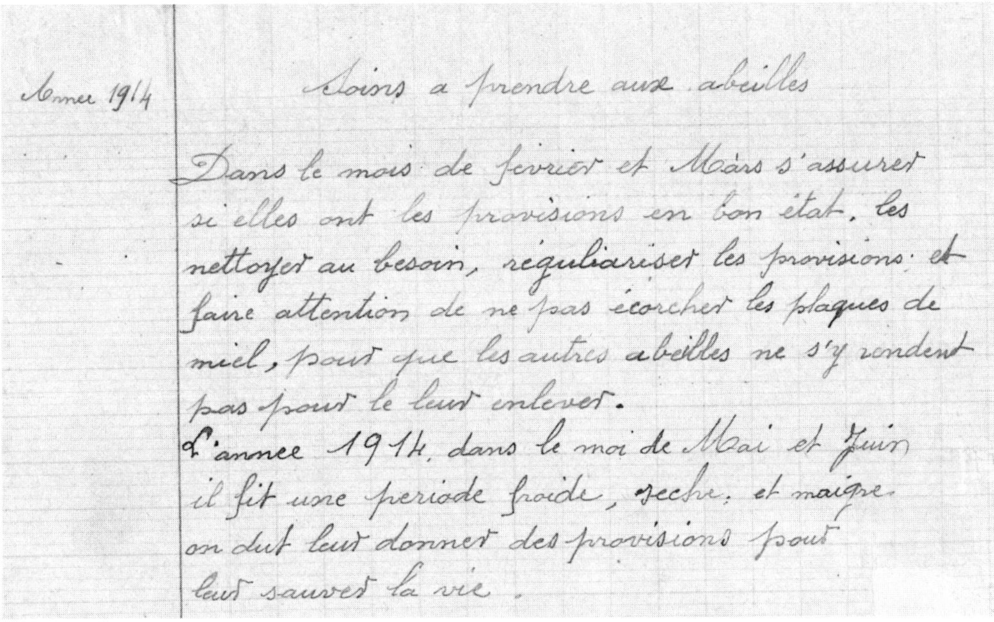

Année 1914

Soins a prendre aux abeilles

Dans le mois de fevrier et Mars s'assurer
si elles ont les provisions en bon état, les
nettoyer au besoin, réguliariser les provisions: et
faire attention de ne pas écorcher les plaques de
miel, pour que les autres abeilles ne s'y rendent
pas pour le leur enlever.
L'annee 1914, dans le moi de Mai et Juin
il fit une periode froide, seche, et maigre.
on dut leur donner des provisions pour
leur sauver la vie.

Page d'un cahier tenu par un métayer mimizanais. (coll. J.F.R.)

lorsqu'il en sera requis. Il ira également aider à faucher les prairies du Gauchey quand on le lui demandera. Il aidera aussi à incinérer les landes sans rétributions quand il sera requis. Il recevra pour la garde du troupeau 6 hectolitres de seigle, 4 de millade, 30 F en argent, 6 livres de laine et en outre 4 vieilles brebis et un agneau pour la Saint Jean. Pour la paille, il donnera un fagot par neuvaine, le reste servira à faire la litière aux parcs à moutons. S'il en vend, le prix sera partagé à moitié. »

Ceci explique que les socialistes, champions des Droits de l'Homme et des égalités sociales, s'élèvent surtout contre l'état d'infériorité dans lequel la loi de juillet 1889 enserre le métayer, auquel elle ne laisse aucune initiative. D'où une humilité quasi maladive de ce dernier vis-à-vis de son propriétaire qui, bon ou non, le fait vivre. On entend alors dans les conversations les termes respectueux de « notre maître », « Monsieur » ou autres, prononcés presque craintivement. Ce bon maître paye quand même les impôts sur les portes et fenêtres, l'assurance des bâtiments contre les incendies, donne le sulfate pour la vigne et le bois de chauffage aux métayers, recensés 19 952 en 1912, soit la plus forte concentration de France.

Posséder un attelage de bœufs ou de mules est une des premières ambitions du métayer. (coll. José Sainz)

La tuaille du cochon est une espèce de cérémonie dans laquelle chacun a une tâche bien définie à remplir. Toute la famille et les voisins les plus proches y participent, ces derniers ayant droit à leur part de l'animal qui sera entièrement consommé. (coll. José Sainz)

Après avoir aidé aux champs, soigné la volaille, fait le jardin potager, sarclé les mauvaises herbes, après s'être occupée des enfants, du repas et du ménage, la femme des campagnes landaises se rend à la rivière ou au lavoir pour laver le linge. (coll. J.F.R.)

Tout le monde, dans une métairie, participe aux travaux des champs, hommes, femmes et enfants selon les besoins. (coll. José Sainz)

L'agriculture landaise est en retard sur l'agriculture nationale. Les engrais chimiques sont encore peu employés au début du siècle (2 000 hectares fertilisés sur les 26 000 cultivés) malgré les efforts des Pouvoirs Publics qui, par l'intermédiaire des écoles, tentent d'en imposer l'usage. Les moissons se pratiquent à la faucille jusqu'en 1910, époque où arrivent les premières faucheuses. Après avoir coupé le blé, le paysan confectionne des gerbes de 30 à 35 kg qu'il maintient avec de la paille de seigle, sauf dans le canton de Pouillon, où il fabrique un lien avec des joncs et autres tiges récoltées en juin, puis séchées et tressées avec un tourniquet.

Vient le moment du battage pratiqué au fléau, avant de l'être par des machines à battre actionnées par des bœufs tournant sur un manège.

Félix Arnaudin, dans son livre *Choses de l'ancienne Lande*, raconte cette opération... « labeur effrayant qui confondait l'étranger pour l'extraordinaire résistance dont le maigre landais y faisait preuve... Huit, dix grands jours pleins, quinze au besoin passés dans un bain de sueur à manier le pesant fléau en certains lieux « haut comme l'homme », l'eau panée ou vinaigrée pour tout breuvage, sans autre abri pour sa tête que l'étroit béret de laine contre le ciel en feu. »

53 DAX. — Le Pont du Chemin de Fer. — LL.

Les oies à engraisser sont une richesse de l'agriculture landaise. Elles fournissent le foie gras dont on ne fait plus la renommée, mais aussi les confits. Le gavage qui ne dure que 21 jours se pratique en octobre-novembre, traditionnellement dans un petit bâtiment dont le sol est recouvert d'une paille épaisse. Armées d'un entonnoir, les femmes poussent la nourriture dans le gosier de l'animal, trois fois par jour et à heure fixe, juste ce qu'il faut pour que le foie soit des meilleurs. (coll. José Sainz)

Le chemin de fer a contribué au développement de la foire d'Aire-sur-l'Adour, pour laquelle deux services quotidiens desservent la ville. (coll. José Sainz)

«... Vers la fin du jour, pour peu qu'on eût de l'avance et qu'on fût sûr de son temps, c'était la dispute et la lutte burlesque d'un batteur avec une grosse gerbe dressée au milieu de l'airée... Scène de bouffonnerie folle qui transportait l'assistance hors d'elle... Puis c'était la jolie scène de la guirlande, un long lien de paille piqué de bouquets faits de fleurs de bruyère, de feuilles de romarin, de fenouil, de basilic et d'autres plantes odoriférantes que les jeunes filles, souvent aidées des femmes mariées, glissaient sous l'airée battue pendant que les batteurs sortaient pour changer de linge et qui, à leur retour, finissaient par être enroulés par la guirlande, un baiser payant souvent leur délivrance... »

Il y a de la nostalgie dans les récits d'Arnaudin quand il raconte que dans les travaux les plus durs, le landais puise matière à faire la fête.

L'incontestable avancée arrive vers 1890 avec la batteuse, actionnée par une locomobile (et plus tard par le moteur d'un tracteur).

Lorsque l'attelage menant la batteuse entre dans la cour de la ferme, la vie prend un nouveau visage. La journée est attendue et préparée de longue date.

Scène d'hiver dans une métairie. (coll. J.F.R.)

Il a fallu préparer un tas de bois parce que la machine à vapeur est grosse consommatrice de rondins.

Les mécaniciens, fiers de leur rôle, installent batteuse et machine à vapeur sur le même plan pour que la courroie qui les relie ne saute pas. Puis les batteurs arrivent, nombreux, fermiers des alentours qui, donnant la main aujourd'hui recevront demain. Leur place est bien définie selon leurs capacités. Le poste le plus envié, car le plus dangereux, est celui de l'égreneur, qui écarte les épis à l'aide d'une cheville en bois tout en les poussant à l'intérieur de la machine. Le doigté est de rigueur sous peine de faire « aboyer » la batteuse et surtout, se faire avaler un bras par les dents de la machine tournant à grande vitesse.

Deux hommes passent les gerbes, d'autres coupent les liens. Au sol, le travail est pénible, derrière la machine les moins forts tirent la paille avec des râteaux, les plus âgés balaient les déchets dans un nuage de poussière, d'autres reconstituent le pailler, tandis que les plus costauds portent les sacs de grains de 50 kg, voire 100, au grenier, tandis que les plus jeunes passent à boire, du vin plus souvent que de l'eau, à ces hommes travaillant sous un

Chambre à coucher d'un métayer. Au-dessus du lit, un ciel de lit protège la couche car dans les maisons des métayers et des domestiques, il n'y a que très rarement un plafond. (coll. J.F.R.)

Cliché de Félix Arnaudin.
Une femme enfournant son pain à Capbat à Commensacq. Le four à pain forme ici un bâtiment autonome. (Musée d'Aquitaine)

soleil de plomb. Pendant ce temps, les femmes qui ne participent pas au battage s'occupent des repas. A midi, à la collation, les batteurs sont calmes car du travail reste à faire, mais le soir, pour conjurer la fatigue, ils se défoulent en mangeant la garbure (soupe), le poulet et le panis (brioche à l'anis). Puis on rit, on chante, on danse, on boit plus que de coutume si bien que certains ne retrouvent pas leur chemin et dorment à la belle étoile. Leur aventure alimentera les récits des veillées de l'hiver ! La tuaille du cochon, tous les ans, procure les mêmes gaietés, la même effervescence. La vie du paysan est dure, très dure. Se lever à 4 h du matin est chose courante. L'été, il faut faire les foins à la faux et les retourner au râteau avant de les charger dans le bros (charrette). Dimanche et fêtes, le travail commande, les animaux n'attendent pas et traire les vaches, nourrir la volaille, le cochon, sont le lot de chaque jour que Dieu fait. Au milieu de toutes ces tâches, les métayers, en même temps gemmeurs là où il y a des pins, trouvent le temps de résiner. En fait, ils se lèvent plus tôt et se couchent plus tard, partant dans la forêt avant le lever du jour, pour revenir dès que possible accomplir les travaux des champs.

Ferme landaise typique. (coll. J.F.R.)

Les femmes accompagnent souvent les hommes. Elles résinent, s'occupent des bêtes, ont presque toujours l'exclusivité du jardin familial et des volailles bien sûr, doivent tenir la maison, le linge, les repas, la lessive, élever les enfants et les éduquer au mieux. On comprend pourquoi à ses débuts, l'école souffrait d'un absentéisme quasi chronique, la mère ayant bien souvent besoin de sa fille aînée pour la seconder, surtout au moment du traditionnel gavage des canards dont on fait le foie gras, les magrets et les confits.

L'hiver n'est pas saison morte. Le paysan profite du repos de la terre pour réparer ses outils, sa maison, tout en nourrissant son bétail. Dans l'ancien temps, les étables communiquaient avec la pièce principale de la maison des métayers par des ouvertures, les estaouillies, à travers lesquelles les bœufs passaient la tête pour manger les boules de paille et de son que le bouvier leur donnait pendant des heures. L'hiver aussi, tout le monde participe au soutrage, c'est-à-dire à la récolte des bruyères, fougères et ajoncs qui servent de litière aux animaux et deviendront fumure indispensable aux cultures. L'habitat des fermiers est installé au milieu de l'airial, clairière plus ou moins

En agriculture, le maquignon, marchand de bétail, tient une place primordiale. A Beylongue, M. Lamarque, dit Lou Batistoun, *a laissé dans les mémoires l'image d'un homme passionné par son métier.*
(coll. Dubedout)

vaste cernée par la forêt. Les bâtiments sans fondation ni cave, du moins dans la Grande Lande, reposent sur des blocs d'alios, pierres que l'on trouve vers un mètre de profondeur. Ils sont construits de bois et de terre. La charpente, les poutres porteuses en chêne et les autres pièces en pin gemmés à mort, s'entrecroisent en un savant assemblage qui fait leur solidité et leur longévité... Entre les colombages, le torchis peu épais laisse l'intérieur frais l'été et doux l'hiver. Pour protéger le bois et assainir les pièces, les murs sont badigeonnés à la chaux.
L'entrée de la maison donnant sur la pièce principale où se trouve la cheminée, est toujours tournée vers le levant. Les chambres, plus ou moins nombreuses, sont désignées par leur emplacement : campe de bise, chambre nord, campe de mijourn, chambre sud... Une pièce, plus petite, contient les ustensiles de cuisine, c'est la souillarde. Le mobilier est peu important :

Les rives de l'Adour inondables sont appelées barthes, domaine des oies et d'une race de chevaux vivant en liberté : les barthais. (coll. José Sainz)

Cliché de Félix Arnaudin représentant une scène de moisson du seigle à la faucille au champ du Monge à Labouheyre. (Musée d'Aquitaine).

vaisselier, grande table, chaises, cage à égoutter la vaisselle, armoires à deux portes avec tiroirs à l'intérieur généralement peintes en marron et parfois vernies, et lit.

Sur l'airial, s'harmonisent les dépendances : bergerie, grange, loge à cochon, batiaou (sorte de cabane où le métayer entrepose divers objets), four à pain et poulailler, juché sur des poteaux de deux à trois mètres de haut pour que les prédateurs n'y pénètrent pas.

Si l'habitat s'inscrit dans l'espace limité de l'airial, les champs aussi, bornés par un périmètre entouré du barat, qui est un fossé protégé par la dougue, sorte de talus planté d'une haie. A l'intérieur, le fermier ordonne ses cultures, le chanvre et le lin sur les sols gras, les vignes, arbres fruitiers, céréales et potagers ailleurs. Début novembre, il répand la fumure, sème le seigle à la volée et laboure l'ensemble selon la méthode des billons et des sillons, qui permet plusieurs récoltes et cultures sur le même terrain. Le seigle pousse sur le sillon tandis que le billon est entretenu par sarclage, travail dévolu aux femmes. Fauché à la faucille en juillet, le seigle laisse sa place au

Bergerie typique dans l'airial. Le troupeau s'apprête à partir pour la lande. (coll. J.F.R.)

Le paysan profite parfois du jour du marché pour se rendre chez le charron-forgeron. (coll. José Sainz)

maïs, millet et autres, semés dans les sillons et recouverts de la terre des billons. Cette nouvelle récolte terminée, le paysan épand à nouveau le fumier.

Le bétail, bœufs, mules et chevaux, paît généralement sur le pradot, la plus petite prairie de l'airial où les fermiers jettent les cendres et les restes d'engrais pour que le trèfle pousse plus vite. Ce pré, fauché en juin, produit du foin qui doit impérativement être dans la grange à la Saint-Jean !

Sur les bords de l'Adour les barthes, prairies inondables et sans cultures ni constructions, sont réservées à l'élevage des oies et surtout des barthais, chevaux plus petits et plus râblés que la normale, qui vivent pratiquement les sabots dans l'eau. Dans le Marensin, le cheval des dunes vit à demi sauvage dans les lettes, espace entre deux dunes, de Lit-et-Mixe, où il se reproduit à sa guise. Dans ces mêmes endroits, les vaches aussi jouissent d'une totale liberté. De petite taille, avec une robe gris-noir ou couleur fauve, elles ont la réputation d'être combatives, ce qui les fait apprécier lors des courses landaises. Ces troupeaux sont toujours suivis d'un pâtre qui campe avec eux et qui, pour traire les vaches, les approche en leur faisant sentir une peau de veau arrosée d'urine !

Les Galupes, barques à fond plat, sont le moyen de transport par excellence de l'Adour et des courants. (coll. José Sainz)

La vigne.

Le vignoble landais le plus important semble être le Tursan, inclus dans les biens d'Aliénor d'Aquitaine lorsqu'elle épouse Henri II Plantagenet, roi d'Angleterre. Dès 1152, ses vins sont exportés vers l'Angleterre, Cordoue et Séville, tandis qu'aux XVe et XVIe siècles, ils partent vers l'Allemagne et la Hollande, en descendant l'Adour. En ce qui concerne les vins de la Chalosse, un recensement de 1852 fait apparaître que la surface du vignoble représente 15 % des terres cultivables, soit 8 122 hectares se répartissant comme suit :

Canton	hectares	rendement : hectolitre/hectare
Amou	1 175	18
Hagetmau	706	18,5
Mugron	1 735	28
St Sever	1 199	26
Montfort	1 536	30
Pouillon	1 171	25

Les blancs de cette époque sont le claverie blanc, le plus cultivé bien que très sensible à l'oïdium, le baroque et le piquepoult autrement appelé folle blanche ou énrageat. Les rouges sont le tannat ou mouston, le claverie rouge, sable rouge, crouchinet...

Comme toutes les vignes dans la dernière partie du XIXe siècle, celles de la Chalosse sont attaquées par les maladies vers 1852, quand l'oïdium se répand de façon foudroyante. Les récoltes de 1853 et de 1854 sont en conséquence très amoindries alors que celles des deux années suivantes sont quasiment nulles. Les vignobles de Mugron, Montfort et Saint-Sever, plantés de claverie blanc perdent de 18 à 20 % de leur surface. Faisant suite à la famine de 1850, l'agriculture des Landes est en piteux état !

Toutefois, le piquepoult et le baroque résistent mieux à la maladie. A partir de 1858, l'oïdium est maîtrisé par les pulvérisations de soufre et le prix de la barrique monte en flèche.

Las, une autre calamité s'abat sur la plante à peine remise, due cette fois au progrès du chemin de fer qui déverse ici les vins du Languedoc. Les prix chutent, la barrique (300 l) de piquepoult passant de 100 F à 30 F en 1864 ! Le métier de vigneron devient de plus en plus difficile en Chalosse car après l'oïdium et l'invasion commerciale des vins du Languedoc, le mildiou fait son apparition et saccage les cultures. Heureusement, le bordelais Millardet invente la fameuse bouillie bordelaise qui vient à bout de ce mal, comme du black-rot, maîtrisé avec le même remède. Cependant, ces épidémies depuis

Les mules sont des animaux de trait recherchés. Fortes, puissantes, elles passent partout et connaissent très vite leur parcours habituel. Elles sont capables de rester seules à l'étable, ce qui est primordial pour les retours de foires, quand le métayer est fatigué de la journée. (coll. José Sainz)

Les inondations de 1905 ont causé de gros dégâts le long des rives de l'Adour. Les jardins de Saint-Vincent-de-Paul sont sous l'eau. (coll. José Sainz)

1880 ont fait de gros ravages puisqu'en Chalosse, le rendement à l'hectare est tombé à une barrique en 1895.

Quant au phylloxéra qui réduit les vignobles français pratiquement à néant, il débarque dans les Landes en 1878. Sa progression y est très lente : 8 km en 9 ans. En 1883, le Comité de Surveillance des Maladies de la Vigne signale que 5 hectares sur les 30 000 de vignes que compte le département, sont touchés et traités aux frais de l'État avec du sulfure de carbone. La maladie n'arrive en Chalosse que vers 1900, quand les vignes de Pouillon, de Mugron et de Saint-Sever sont touchées, celles de Montfort ne l'étant que cinq ans plus tard.

Pour tenter de combattre ces épidémies catastrophiques, Charles Poirson, directeur de l'école pratique d'Agriculture de Saint-Sever, crée en 1903 un vignoble modèle de 3 hectares et une pépinière de plants américains et d'hybrides, le laboratoire de cet établissement recherchant de son côté le meilleur porte-greffe américain adapté au vignoble local.

Pour sa part, M. Duffour-Bazin multiplie les vignes expérimentales et incite vivement les viticulteurs à faire usage des engrais chimiques. Parallèlement, le syndicat des Agriculteurs des Landes constate, lors de son assemblée du 29 janvier 1900, que ses adhérents ont acheté 6 500 plants américains et 9 machines à greffer. Mais ces efforts ne parviennent pas à reconstituer le vignoble chalossais dont chacun se rappelle, avec nostalgie, les extraordinaires crus de 1875 et 1893.

Un homme cependant, Francis Baco, instituteur s'attachant à former ses élèves à la chose agricole, profite en 1896 d'un arrêt de travail consécutif à un accident de bicyclette, pour mettre au point une technique permettant d'obtenir un pied de vigne résistant aux maladies cryptogamiques tout en augmentant le rendement. Les résultats de ses travaux sont consignés dans un *Précis complet de viticulture moderne et de vinification*, paru en 1905. Francis Baco est un de ces savants solitaires qui par passion participent à l'avancée du progrès. Mais après ces graves épidémies, le vignoble de la Chalosse a beaucoup diminué. En 1914, Aire-sur-l'Adour ne compte plus que 418 hectares de vigne, Geaune 748, Hagetmau 722 et Saint-Sever 914.

En ce qui concerne les vins d'Armagnac, « la récolte de 1904 n'a pas l'abondance que faisaient prévoir certains bruits optimistes et peut être intéressée », écrit le correspondant de l'*Intérimaire du Bas-Armagnac* du 1er octobre 1904. « Nous nous sommes livrés à une enquête d'après laquelle il résulte que la récolte a fourni en général un rendement en dessous de celle de 1900 ».

Les vignobles d'Armagnac, les premiers dans les Landes à souffrir atrocement du phylloxéra, sont bien reconstitués à cette époque où les cours des vins blancs titrant 10° sont vendus 5,25 F le degré pour les barriques de 320 litres, et les Bas-Armagnac de 52° de base, 400 F la pièce de 400 litres.

Les foires.

Les agriculteurs, éleveurs, viticulteurs et artisans se rencontrent dans les foires où ils vendent leurs productions et achètent ce dont ils ont besoin. Les comices agricoles, créés par le général Bugeaud, propriétaire périgourdin qui ajoute là une étoile supplémentaire à sa célèbre casquette, sont des réunions où les notables, conseillers généraux, maires, députés et sénateurs, louent les mérites des agriculteurs qu'ils récompensent de médailles. A Labastide d'Armagnac, les producteurs locaux sont largement récompensés en 1905 où la veuve Dudrouilh et MM. Audebard et Goix se distinguent avec leurs eaux de vie, ce dernier obtenant la médaille d'argent pour ses vins rouges.

Si quelques cantons proposent un comice annuel, la plupart des communes organisent foires et marchés plusieurs fois par an. A Peyrehorade, le marché du mercredi date de 1359, quand le roi d'Angleterre l'autorise. Celui d'Habas, inauguré en 1654, est créé par lettre de Louis XIII.

Cependant, aussi loin que remontent les mémoires, il est des foires qui restent incontournables. Celles de Ousse, près de Morcenx, se tient immuablement le jour de la Saint-Michel, autour de la chapelle de Suzan et de la fontaine Saint-Girons, situées en pleine forêt. Les domestiques viennent s'y louer pour la saison, chaque corporation, pour qu'on la reconnaisse, portant un signe distinctif à son chapeau : de la laine pour les bergers, par exemple. Les artisans vendent de tout : outils, manches d'outils, tissus, paniers, charrues ; les éleveurs vendent des animaux de travail, des volailles, des lapins... On dit même que les filles à marier, adossées à une barre, attendent les prétendants en montrant une partie de leur dot.

A la foire de Lubbon, elle aussi en pleine forêt, les bergers proposent leurs travaux de tricot et les marchands des clochettes pour les troupeaux alors que celle de Lussagnet, le jour de la Saint Jean, s'accompagne d'un pèlerinage jusqu'à la guerre de 1914.

Certaines sont spécialisées : à Arengosse, le marché aux béliers se tient le dernier dimanche de mai, à Dax, le marché aux chevaux a lieu le samedi précédant le premier lundi de novembre ; mais la grande majorité se situe autour des fêtes, Pâques, Toussaint, Saint-Jean, Saint Michel, Saint Martin.

Le jeudi saint à Mont-de-Marsan place Saint-Roch a lieu un marché d'objets en bois : maillets, râteaux, cannes, cages... Que la rumeur publique dit fabriqués avecdu bois volé, appelé bois de clair de lune, d'où son nom de marché des voleurs ; cependant, il est fort prisé. La foire de Lugaut-Rejtons où l'on vend montres et fusils, se tient la nuit, peut-être pour mieux dissimuler les défauts des objets. Il en est de même à Lite et Mixe à l'assemblade aux fusils qui étale ses marchandises dans les dunes autour de la source de Yons.

Ces assemblades et foires font le prix des marchandises en fonction de l'offre et de la demande, de l'abondance ou de la rareté selon que la nature est calme ou rebelle. L'hiver 1890-1891 est glacial, encombré de neige qui, en fondant, fait déborder les rivières. Les inondations de l'Adour, en avril 1905, perturbent les cultures d'Aire, de Grenade, de Saint-Paul-les-Dax et mettent « les jardins dans un état qui n'a pas eu de précédent », relate le *Républicain Landais.*

Le marché de Tartas de fin avril ne semble pas touché par le cataclysme bien que la commune borde la Midouze, les cours pratiqués se situant dans la norme, sauf pour les volailles un peu chères :

Animaux de boucherie, bœuf, poids vif : 0,76 F le kilo. Agneau, 8 à 10 F la pièce.

Porcs, nourrisson, de 25 à 40 F la pièce suivant la qualité, porcelet, de 6 à 12 F l'un, vache laitière : 160 à 230 F.

Halle aux grains : froment au poids 19 F, seigle 13,50 F, maïs 12,40 F.

Volailles : poulets et poulardes : 4,50 à 5 F. Dindes 7 à 10 F, canards 4 F, canetons mulets 1,50 F, canetons communs 0,70 à 0,90 F, oisons 3 F, le tout par paire. Pigeon 1,50 F, lapin 1,60 F l'un. Œufs 0,65 F la douzaine, et beurre 1 F le 1/2 kg.

Le marché de Saint-Sever se tient chaque samedi. Les foires ont lieu tous les samedis de 15 en 15 depuis la veille de la Pentecôte jusques et y compris le samedi précédant la Saint-Martin, et les jeudis, vendredis et samedis précédant la Pentecôte et la Saint-Martin. (coll. José Sainz)

A la suite des inondations de 1905, M. Lourties, maire d'Aire, obtient du gouvernement une subvention de 1 000 F pour réparer les dégâts dont le pont de Lées en partie détruit. Mais l'agriculture ne souffre pas des seules sautes d'humeur des eaux. La sécheresse, l'incendie de la lande et les épidémies sont d'autres fléaux contre lesquels il faut lutter.

Les propriétaires s'organisent en sociétés d'assurances mutuelles, chacune secourant un bien déterminé. A Sore, il existe au début du siècle deux de ces sociétés assurant contre la mortalité des animaux de travail, l'une pour les bovidés l'autre pour les équidés. Une troisième est créée pour indemniser de la mortalité des porcs, « victimes depuis quelques temps d'une furieuse épidémie qui sévit dans nos régions », constate la presse locale en 1905.

Chasser la palombe dans les Landes est un art élevé au rang d'institution. Les chasseurs se postent patiemment à l'affût et attendent des heures le passage des oiseaux. (coll. José Sainz)

Le chasseur de palombes et ses leurres, qu'il s'apprête à placer pour attirer le volatile convoité. (coll. José Sainz)

La chasse.

La chasse fait autant partie de la vie du paysan que de celle des propriétaires. Elle existe de tous temps, apportant une autre alimentation tout en défendant les récoltes.

Selon que l'on se trouve en plaine ou près des étangs, elle se pratique différemment. Dans le courant d'Huchet elle est celle, typique des marais, où le canard est la cible privilégiée. Pour s'en approcher au plus près, les hommes ont fait preuve de ruse en se cachant derrière des chevaux dressés à être insensibles aux détonations. Il faut en effet tirer juste car les fusils de l'époque n'ont qu'un coup.

Les oiseaux, intensément chassés parce qu'ils s'abattent en nuées sur les cultures, sont régulièrement piégés. Les ortolans finissent dans des cages appelées tapiots ou matoles, les merles et les grives meurent pris au collet posé sur les ronces, les grappes ou autres plantes, alors que les ramiers, palombes principalement, sont l'objet d'une chasse quasi rituelle, dont la tradition est même entrée dans les actes notariés. Ainsi celui du 28 décembre 1704, passé en l'étude de Me Mora, notaire à Sabres :

« Noble Jean de Lalande, écuyer d'Escanebacque, baille à titre d'afferme... Moyennant le nombre de 24 roguets (pigeons) et de deux douzaines de palombes... »

Pendant toute l'année, le chasseur de palombes entretient amoureusement une série de couloirs et de sols où l'ingéniosité se mêle à la passion. Lors du passage du vol, certains oiseaux, attirés par des leurres judicieusement placés, se posent sur le sol et un filet s'abat sur eux d'un coup sec. En 1910, le Dr Raoul Dupouy, de Pissos, fait une prise de 245 unités. L'année est bonne, de même qu'en Chalosse, car les chênes n'ayant pas de glands, les oiseaux se jettent carrément sur l'appel de l'appeau.

Le gibier est généralement pris aux collets, fils de laiton, câbles de bicyclette ou crins de cheval, placés dans les jardins et les champs attirant les lièvres. Les sangliers et plus tard les chevreuils et les faisans, races importées dans les Landes, sont chassés au fusil et parfois à courre, comme c'est la coutume au château d'Arengosse où le propriétaire organise régulièrement de grandes battues. Le 12 janvier 1910 à Fargues, les jeunes de la commune, avec le maire Auguste Dupouy, tuent un sanglier de 120 kgs. Les ravages de ces animaux dans les cultures sont, il est vrai, assez conséquents.

Les métayers tirent aussi un profit complémentaire de la chasse, en vendant les bécasses, palombes, canards, lièvres et ortolans dans les restaurants où ce gibier est une pièce de choix, comme le confirme ce vœu du Conseil Général de 1910... « convaincu que la chasse aux petits oiseaux de migration, telle qu'elle est pratiquée de temps immémoriaux ne cause aucun préjudice à l'agriculture, qu'elle est une de ces libertés régionales auxquelles les populations sont profondément attachées, qu'elle fournit en outre, à un grand nombre de petits agriculteurs un précieux supplément de ressources, s'en référant à la loi du 3 mai 1844 qui consacre en ces matières le droit d'intervention des Conseils Généraux, émet le vœu que le gouvernement conformément au désir fréquemment manifesté des populations et aux usages anciens de la région, donne des instructions nettes et précises pour que le libre exercice de la chasse aux petits oiseaux soit assuré. »

Moins orthodoxe est cette chasse où, en 1905, un phoque de 1,45 m est tué sur la plage.

Henri, Jeanne-Angèle et Henriette Lamarque, de Beylongue, chaussés d'esclops (sabots) recouverts de guêtres de laine épaisse, tricotées par les bergers. (coll. Dubedout)

L'habillage

Le vêtement est un repère social qui différencie les conditions, la culture et les âges. Ceci reste particulièrement visible jusqu'au XXe siècle, où le noir est exclusivement réservé au deuil, où la manière de se coiffer varie selon l'âge, où quelques éléments rajoutés, brodés sur le vêtement, marque le rang social.

Jusqu'au début du siècle, la matière première des habits est cultivée sur place. C'est le lin et le chanvre. Mais bien vite, les superficies pour le lin diminuent. De 1852 à 1901 en Chalosse, elles tombent de 414 hectares à 37 dans le canton de Mugron, et de 353 à 225 dans celui de Saint-Sever. En 1914, le lin a complètement disparu à Mugron et n'occupe plus que 66 hectares dans le département.

La bilbère	**Le filage**
Le Ninète de le Taulère	Ninette de la Taulère
e le Yane de Mancestat,	Et Jeanne de Mancestat,
En so de le daune dou Prat	Chez la maîtresse de Prat
Soun anades à le bilbère.	Sont allées filer.
Hilous tout nau de canebère !	Quenouilles neuves du roseau !
Hiu dou buset bien afeytat !	Fil du fuseau bien coiffé !
Hiu de le lencou bien coupat !	Fil de la langue bien coupé !
Bouque damnade e man oubrère !	Bouche damnée et main experte !
Penden chis ores, mort ou biu,	Pendant six heures, mort ou vif,
Lou busèt tustem que brounibe !	le fuseau toujours ronronnait !
Le lencou yamès ne finibe !	La langue jamais ne s'arrêtait !
E — gran miracle dou boun Diu ! —	Et — grand miracle de Dieu ! —
Si quoque cop perden lou biu,	Si parfois elles perdaient le fil,
Yamès ne perden le chalibe !	Jamais elles ne perdaient la salive !

*Un des poèmes gascon d'Isidore Salles, paru dans l'*Écho Littéraire de Gascogne.

Le progrès de l'industrie textile en plein essor en France, supplante de plus en plus la culture des plantes textiles, bien que dans les Landes il n'y a, en 1813, qu'une seule fabrique de draps, située à Hagetmau.

Les Landais s'approvisionnent en lainage des Basses-Pyrénées, acheminés par des colporteurs, de même les toiles, les mouchoirs et autres pièces viennent de Belgique, Bretagne, Cholet, Béarn, et le coton, fort prisé, arrive d'Alsace, de Provence, de Picardie...

Il faut dire que la culture du lin est particulièrement longue et qu'il y a beaucoup de travail entre les semailles et le tissage. Cependant, ce processus a rythmé la vie de nos grands-mères qui ne sortent jamais sans leur quenouille accrochée à la ceinture.

Semé en septembre et récolté en mai, le lin est arraché poignée par poignée. Les voisins aident à ce travail pénible à l'issue duquel la plante sèche au soleil jusqu'à ce que la graine s'échappe. En août, il est battu au fléau. Commence alors le rouissage, qui permet de séparer l'écorce et la tige de la plante, collées par une gomme résineuse qu'il faut dissoudre, l'opération se fait soit dans une rivière, soit sur de la rosée.

Le vêtement de tous les jours est simple : un corsage fermé jusqu'au cou, et une jupe recouverte d'un tablier. (coll. José Sainz)

Le filage est l'exclusivité des femmes qui ne sortent jamais sans leur quenouille.
(coll. José Sainz)

C'est ensuite le teillage, après quoi il ressort sous forme de mèches raides. Enfin le peignage fait au moyen d'une planche cloutée, permet d'obtenir des fils de plus en plus fin, selon la destination qu'on veut donner à la future étoffe : torchon, couvertures de bœufs, draps, nappes, linge de corps et de table... Avant le filage, le lin subit une dernière opération : l'hourrega, qui le rend propre et luisant.

Le filage est exclusivement réservé aux femmes. C'est une activité primordiale de leur vie, parmi toutes leurs autres obligations. Césaire Daugé, le curé littérateur en parle ainsi :

Mariage d'Henri Bats dit « bras-cassé », muletier avant la grande guerre dans le canton de Saint-Sever. Il s'agit d'un mariage en ville. (coll. Dubedout)

« Une des principales occupations de la femme gasconne consistait à filer pour les vêtements ou le linge de maison. On filait isolément ou par groupe. Jamais femme ou jeune fille n'allait hors de la maison sans arborer sa quenouille, plantée à la ceinture. On passait des journées entières à filer. Pendant l'été, les femmes du voisinage se groupaient et, assises à l'ombre, procédaient en causant à la tâche journalière. Les plus âgées, sans famille, vivaient maigrement du produit de leur quenouille. Pendant les longues soirées d'hiver, les fileuses d'une rue, d'un quartier, se réunissaient à tour de rôle chez l'une d'entre elles. Ainsi elles se tenaient compagnie, évitaient le sommeil et filaient, à la lueur d'une chandelle de résine, jusqu'à 11 h du soir ou minuit. Parfois on offrait aux fileuses une roste, pain trempé dans du vin, ou des marrons que l'on arrosait de vin clairet. »

Les hiélères, nom de ces soirées, reçoivent aussi les hommes qui chantent, racontent des histoires et font la cour aux rougissantes fileuses célibataires.

Le filage se pratique à la quenouille et au fuseau ou, dans les bonnes maisons, au rouet. En Chalosse, les quenouilles sont petites, faites dans un roseau et décorées de dessins au fer chaud.

La dernière opération est le tissage que les femmes de Chalosse savent faire fin et solide.

L'autre plante textile cultivée dans les Landes est le chanvre, qui sert à tisser des serviettes, des torchons, et entre dans la composition de certains tissus comme le droguet. En 1892, cette culture occupe 440 hectares de terrain dans tout le département, il n'en reste que 4 en 1914.

En ce qui concerne la laine, sa production est en nette baisse à partir de 1860. Dans la Grande Lande, la loi de 1857 réduit considérablement l'espace des troupeaux, tandis qu'en Chalosse, le mouvement de vente des landes fait descendre les troupeaux de 16 000 têtes en 1862 à un peu plus de 5 000 à la fin du siècle.

De la même manière que le lin est progressivement remplacé par le coton, les laines locales, rudes et de qualité médiocre, le sont par des laines plus souples, comme le mérinos. Cependant, les bergers de la Grande Lande, en gardant leur troupeau, continuent à tricoter la laine de leurs moutons avec laquelle ils font bérets, guêtres et gilets.

Quant au vêtement proprement dit, les hommes portent une blouse s'arrêtant un peu au-dessus du genou. Sans col, à larges manches, elles est assez ample. De blanche en Chalosse, elle devient bleue en se rapprochant de Dax.

La plupart du temps, les paysans vont pieds nus, l'hiver cependant et dans certaines grandes occasions, ils portent des sabots remplis de paille, alors que pour les travaux agricoles, ils ont un mouchoir autour du cou pour se protéger de la poussière.

Chez les hommes, le cheveu est long derrière et ras devant, coiffé d'un béret, tandis que les femmes portent après 1850, un foulard sur la tête, de laine,

Le « casse-cane » faisant sa tournée d'invitation. (coll. J.F.R.)

Mariage à la campagne. (coll. J.F.R.)

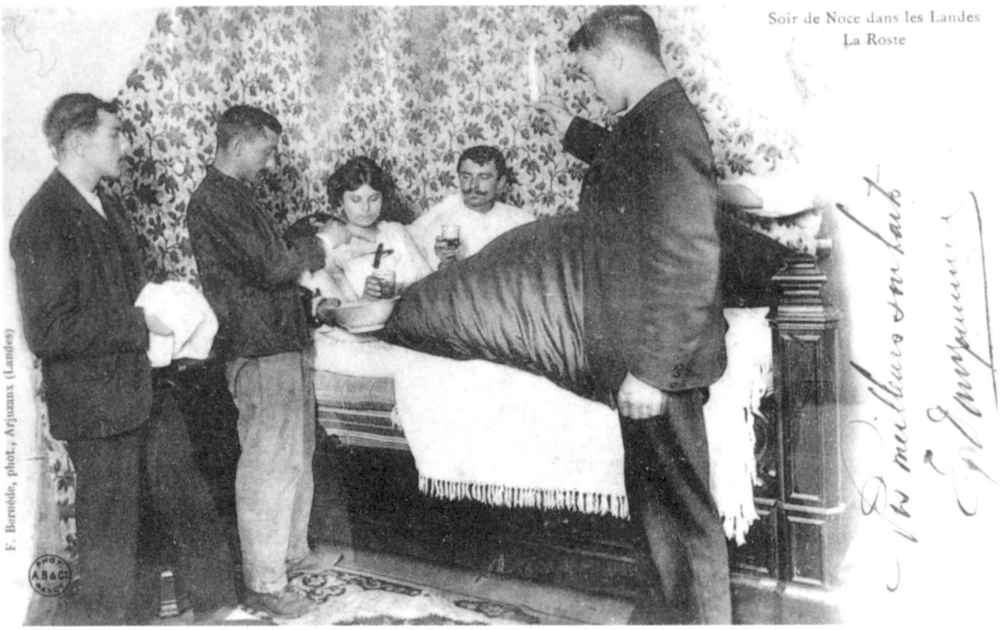

Rituel de la noce : la roste, sorte de boisson qu'on amène aux mariés pendant leur première nuit d'amoureux. (coll. José Sainz).

de cotonnade et parfois de soie, dont la manière de le nouer diffère selon le canton. Certaines portent un cache-chignon, dont l'apparition date de la seconde moitié du XIXe siècle. Parfois, un ou plusieurs longs rubans l'agrémentent, on l'appelle alors couhet.

Le vêtement féminin comprend généralement un corsage, une jupe passée sur plusieurs épaisseurs de jupons, un tablier et parfois un châle. Au fur et à mesure que le XXe siècle approche, les mœurs se font prudes et le corsage est strictement boutonné sous le menton, contrairement aux modes précédentes où le décolleté était de rigueur. La jupe et les jupons, amples, sont en droguet pour l'hiver, en coton pour l'été. Le nombre de jupon témoigne de la richesse de celle qui les porte, alors que le premier est souvent d'une couleur assortie à la jupe. Entre le premier jupon et la jupe finement rayée de bleu et de rouge, se glisse une petite poche indépendante que les femmes attachent autour de la taille. Ainsi lorsqu'elles y prennent l'argent de la quête pendant la messe, elles relèvent la jupe et dévoilent, avec coquetterie, la richesse de leurs jupons.

Pour sortir, les femmes portent une cape grise ou bleue, ou se drapent dans une grande étoffe de laine rouge et bleue : la debantière. Le vêtement de deuil est la capule, tissée en laine noire ; elle enveloppe la femme de la tête aux pieds. Enfin, les sabots légers sont souvent décorés de grosses marguerites sculptées, celui de tous les jours, plus grossier, sert surtout l'hiver.

Les plus beaux de ces habits sont portés les jours de mariage, fête familiale par excellence qui suit, du moins dans les campagnes, un immuable rite, commençant par la tournée du casse-canne (chasseur de chien).

Avec sa canne et ses rubans, cet homme se rend chez tous ceux à convier en disant : « Je viens ici de la part de... Qui fait épouser son fils, vous inviter à la table, de la table à l'église, de l'église à la table pour prendre part à ce que le Bon Dieu a donné. »

Bien sûr le casse-cane boit un petit coup dans chaque maison et termine bien souvent sa tournée sur les rotules.

Le mariage en lui-même comporte plusieurs rites : le pardon, les étrennes, le retour de l'église dans un char tiré par des bœufs décorés d'un superbe drap, l'introduction des époux, la roste, que l'on porte aux époux lors de leur nuit de noce... Bref de quoi s'amuser et prévoir d'autres mariages.

C'est aussi l'occasion pour le landais rieur de se moquer des prétentieux, des sots et des niais même si celui-ci est le maire. On rit de ces « pataquès » maladroits !

Plus tard, le casse-cane est remplacé par le téléphone, progrès oblige. Il arrive à Vieux-Boucau en 1905, à Bénesse-Maremne, Saint-Vincent de Tyrosse et Gourbera la même année, et seulement en 1910 à la Préfecture !

L'agriculture occupe le plus grand nombre de bras dans les Landes où les usines de gros calibre sont peu nombreuses. A l'évidence, le département n'est pas l'un des plus industriel de France de par la faiblesse de son sous-sol. C'est autour de la forêt que s'organise l'industrie, c'est pour le travail du bois et pour l'agriculture que les constructeurs landais travaillent.

Petites industries et progrès industriel

La forêt est le nerf de l'industrie landaise. Son bois et sa résine font tourner une foule d'ateliers de transformation, tandis que le charbon de bois alimente la plupart des hauts fourneaux. Ceux d'Uza, propriété de la famille Lur-Saluces, ont un chiffre d'affaire de 345 834 F en 1852. L'usine cesse toute activité en 1903, après n'avoir plus fabriqué que de la fonte. Gros consommateurs de charbon de bois, ces hauts fourneaux ont pendant longtemps fait travailler une grande quantité de charbonniers des forêts environnantes.

Les forges de l'Abesse, qui fabriquent des plaques de cheminée, des chenets, des tôles d'acier et des plaques d'égout, emploient presque le tiers des ouvriers de Saint-Paul-les-Dax. En 1897, une trentaine d'entre eux se met en grève pour réclamer un meilleur salaire. Pour toute réponse, ces hommes sont licenciés sur le champ. Trois ans plus tard, les forges appartenant à l'une des plus riches familles du département, ferment leurs portes malgré les protestations des ouvriers. Les hauts fourneaux de Castets occupent 43 ouvriers. Ils traitent le minerai espagnol et celui du Périgord. En 1901, ils mangent 2200 tonnes de charbon de bois.

A Pontenx les martinets, ou forges artisanales, fabriquent des ustensiles de cuisine. Une usine modernisée en 1884 par M. Charavel donne un essor à cette production, qui s'éteint en juin 1914.

Les forges de Brocas, actives depuis la guerre de 1870, quittent la village en 1901, entraînant la plupart des ouvriers à Villenave-d'Ornon où elles s'installent. Ceux qui restent se recyclent dans l'industrie du bois, où deux entreprises se développent à la même époque.

D'autres usines existent à Ychoux, à Pissos... Les plus importantes se trouvent à Tarnos.

Chaque village landais possède au moins une scierie. (coll. José Sainz)

Fondées par Claudius Magnin, les forges de l'Adour sont officiellement inaugurées le 5 juillet 1884. Au début, leur production s'oriente surtout vers les rails de chemin de fer dont la compagnie du Midi a grand besoin. Les circonstances économiques amenant l'entreprise à diversifier ses talents, elle se tourne vers les fontes spéciales, ferro-nickel et ferro-chrome dont elle a, pendant quelques temps, le monopole mondial. Ses fabrications d'acier Martin et de coins David en font la première productrice de France.

Vers 1900, alors qu'elles sont au faîte de leur prospérité, il en sort annuellement 90 000 tonnes de coke, 75 000 tonnes de fonte, 62 000 tonnes d'acier, 27 000 de rails et 20 000 d'acier marchand, travaillées par plus de 1 000 ouvriers.

L'usine dynamise considérablement l'économie du Bas-Adour car elle importe par mer du charbon gallois et du minerai de fer espagnol. Pour diminuer le coût du fret, les bateaux l'approvisionnant repartent chargés de bois de mine, dont le port de Bayonne, par ses quais de Boucau-Tarnos devient gros exportateur.

Pendant ce temps, les ouvriers de toutes les forges et hauts fourneaux

En Chalosse, pays de vignes, la tonnellerie est une des principales activités artisanales. (coll. J.F.R.)

Le port de Mont-de-Marsan connaît moins d'activités que le lavoir, où les blanchisseuses frottent et battent le linge pour 9 sous par jour. (coll. José Sainz)

Saint-Paul-les-Dax au début du siècle. (coll. José Sainz)

landais adhèrent à la Fédération des Mouleurs de France pour défendre leur profession.

Le bois de la forêt est traité dans les scieries installées dans chaque village landais. Certaines, ambulantes, vont débiter les pins sur place mais il existe aussi des usines plus importantes, celle d'Ychoux par exemple, propriété du maire Simon Dumartin, spécialisée dans la fabrication de plancher et de caisses d'emballage, ou bien les établissements Valmy-Dupin, à Labouheyre, créés en 1860 et dirigés, en 1910, par René Mondret, un ancien médecin. Leur production comprend surtout des pavés de bois, des traverses de chemin de fer et des poteaux de mine.

Dans un autre genre, les ateliers d'Auguste Pontneau fabriquent, à Souston, tous articles de liège, en particulier les bouchons. L'affaire marche si bien que la famille Pontneau ouvre d'autres ateliers à Léon, Vieux-Boucau et Saubusse.

Dans la Grande Lande, les carrières à Commensacq, Pissos, Pontenx,

Dans les villages, les femmes ouvrières ont les métiers les plus divers, comme ici, confectionneuses de protège-bouteilles en paille, pour éviter la casse dans les transports. (coll. José Sainz)

pour les extractions de calcaire, les verreries à Moustey, qui ferment en 1897, Luxey et Caneux pour le verre blanc, forment une partie du tissu industriel.

A côté on trouve des tuileries à Luxey, Moustey, Pissos, Pontenx, Sabres, Sore, des poteries à Argelouse, Bordessoules, Pontenx, Richet, Sabres, Saugnac, Saint-Paul-en-Born fondée en 1886, Fronsacq, Sore et Vert ainsi que de l'armement maritime à Ychoux.

A Mont-de-Marsan, la famille Farbos possède deux établissements. L'un fait le commerce du bois, du charbon et des produits métallurgiques, l'autre traite la gemme pour la fabrication de ses composants : essence de térébenthine, colophane, brai et goudron. De telles usines de plus ou moins d'importance, existent en grand nombre dans les Landes. Dans le genre, les ateliers Vidal à Luxey, bien que n'occupant que trois personnes en permanence, font travailler 200 résiniers d'alentour. Dès leur création en 1859, ils sont conçus pour distiller 9 fois 350 litres de résine par jour. On peut aisément imaginer l'ampleur de l'industrie de la gemme quand on sait

Au début du siècle, le Conseil Général reconnaît que l'état des routes est déplorable. Il est vrai que les roues des charrettes ne sont pas faites pour l'améliorer. (coll. José Sainz)

Le grand magasin, Au Bon Marché, *des frères Maisonnabe à Mont-de-Marsan, à proximité du Cercle Militaire et de la Caisse d'Épargne. (coll. José Sainz)*

que pratiquement chaque village possède un atelier comme celui-ci, quand ce n'est pas plusieurs. Il y en a 4 à Escource, 5 à Pissos, 3 à Luxey...

En Chalosse, les produits résineux, les cuirs, fabrications de chandelles et tonnelleries donnent du travail à une grande partie des 4 266 habitants que compte Aire-sur-l'Adour en 1901. A Saint-Sever, sous-préfecture de 4 769 âmes à la même époque, on trouve deux scieries importantes, des faïenceries (ainsi qu'à Samadet), des gravières au bord de l'Adour, une belle industrie de plumes et de duvets - l'entreprise Crabos employant 17 ouvriers - deux armureries et des coutelleries. Enfin Hagetmau se singularise par ses deux usines de tissage, les seules que possèdent les Landes. Ce sont les établissements Busquet et Busquet-Drouot. La saboterie est également importante puisqu'à la veille de la Grande Guerre elle occupe une trentaine de spécialistes. Les Entreprises Dupouy, fabricant des sacs, Bègue produisant des sièges et la coutellerie font travailler la plupart des hommes de la ville, tandis qu'une tentative pour faire renaître la faïencerie de Samadet a lieu en 1914.

Dax, de par ses thermes, est une des villes les plus commerçantes des Landes. (coll. José Sainz)

Un peu plus haut, Roquefort compte 29 aubergistes et cafetiers et 16 épiciers au milieu d'une multitude de commerces divers recensés en 1914. Bien avant cette date, en 1897, une usine fabriquant de l'électricité s'installe dans le moulin du vieux château.

Pour ce qui concerne cette nouvelle énergie, la Compagnie des Forces motrices électriques de la Chalosse fournit le courant à une bonne partie du département. En 1906, elle l'installe à Villenave, commune au nord de Tartas. Elle arrive la même année à Saint-Sever. Montfort-en-Chalosse est totalement électrifiée en 1913, sous le mandat du maire Charles Dupaya. Dans certains villages, l'énergie est tirée des moulins, comme celui de M. Laluque qui, en 1914, fournit l'éclairage à Saint-Paul-en-Born.

L'entreprise des frères Dorian, à Mont-de-Marsan, se dit spécialiste de la pose de la lumière électrique. Elle est surtout connue pour construire des machines à vapeur, chaudière et machines tous systèmes, outillage complet pour scieries et tuileries mécaniques, machines à raboter les parquets, scies à rubans...

L'usine à gaz de Mont-de-Marsan décide, en 1891, d'abaisser de 30 cts le

60. DAX — La Dragueuse et le Pont nouvellement élargi

Si l'Adour est navigable, son entretien est nécessaire. La dragueuse du nom de La Dacquoise *se charge de draguer son lit. (coll. José Sainz)*

Les galupes amarrées dans le port de Dax descendent et remontent l'Adour. La navigation fluviale marchande est encore vivace au début du siècle. (coll. José Sainz)

Les quais de l'Adour à Dax ont une bonne activité marchande. Bois, pavés de rues et autres produits y transitent, en partance pour Bayonne. (coll. José Sainz)

m^3 de gaz livré dans les foyers, pour que tous soient servis, à moins que ce soit pour contrer la concurrence de l'électricité naissante !

Castelnau en Chalosse est la capitale de la vannerie où les ouvriers en 1895 fabriquent des paniers avec du bois des barthes ne leur appartenant pas. La cueillette se fait la nuit loin des regards indiscrets, mais, malgré cela, certains se font prendre et connaissent la prison. Leur maire, le député Dulau, a tôt fait de les en ressortir, même si leur morale à part les tient éloignés dela population.

L'industrie laitière à sa place à Habas où, dès 1892, le capitaine de Senneville, alors à la retraite, fonde une beurrerie recueillant le lait de cinq communes. Dès sa mise en route, elle produit 6 120 kg de beurre. En 1905, la laiterie de la Chalosse et de la Côte d'Argent est fondée à Arsague sous l'impulsion d'Eugène Darieu. Et, signe des temps modernes, les premières recherches pétrolières sont entreprises dès la fin du XIXe siècle ; sans résultat conséquent, elles sont abandonnées en 1900.

A la fin du XIXe siècle, les enfants travaillent pour la plupart dès leur sortie de l'école, à 12 ans, quand ce n'est pas plus tôt pour certains. Toutefois, les Pouvoirs Publics, par l'intermédiaire des Préfets, réglementent leur présence dans les usines et les ateliers. Édouard Ferré, préfet des Landes, signe celui-ci en novembre 1899 :

« Les enfants de l'un et l'autre des deux sexes âgés de moins de 16 ans ne peuvent être employés à un travail effectif de plus de 10 h par jour. Les jeunes ouvrières et ouvriers de 16 à 18 ans ne peuvent être employés à un travail effectif de plus de 60 h par semaine, sans que le travail journalier ne puisse excéder 11 h. »

L'artisanat et les petits métiers sont à peu près les mêmes à la ville et à la campagne. Partout on lave le linge, on marche dans des chaussures, partout on a besoin de meubles.

Les lavandières, qu'elles se rendent au lavoir ou à la rivière ont de l'ouvrage tous les jours, fourni par différentes familles chez qui les chemises et le linge de corps doivent être propres.

Morcenx, le 28 août 1854, le premier train circulant sur la ligne Bordeaux-Dax, y passe à 25 km/h, devant les yeux ébahis des bergers.
La voie Morcenx-Saint-Martin-d'Oney, créée en 1857, marque l'essor de ce lieu-dit où la compagnie du Midi installe un entrepôt, construit des écoles et une église. (coll. J.F.R.)

Une poule fait son nid avenue de la gare à Linxe. Le village est petit mais le train s'y arrête. (coll. José Sainz)

Dès les premières années du siècle, le chemin de fer dessert de très nombreux villages. C'est le moyen de transport par excellence, qui révolutionne les échanges. (coll. José Sainz)

La grande lessive des draps se fait une fois par trimestre, pendant deux journées de suite car il faut faire bouillir le linge avec de la cendre puis le nettoyer au savon de Marseille à grands coups de battoir dans l'eau claire.

Au début du siècle, une lavandière gagne 9 sous par jour et emporte, souvent, son repas de midi qu'elle prend sur place. La brodeuse, la couturière, la domestique, la nourrice, la repasseuse, la porteuse d'eau, la marchande d'allumettes... Sont d'autres emplois des femmes du peuple.

Les hommes travaillent à des tâches plus dures, ils sont maçons, menuisiers, sandaliers, tonneliers, vanniers. En Chalosse, ils fabriquent leurs paniers avec des lattes de châtaigniers depuis près de deux siècles. Ils sont aussi maréchaux-ferrants, cerclant de fer les roues des voitures qui roulent sur les pavés, ils ferrent les chevaux et les bœufs dont ils sont parfois un peu les vétérinaires. A cela il faut ajouter les commerçants, marchands de grains, minotiers, épiciers, tailleurs, selliers, cafetiers, marchands de cycles...

Transports.

Le Conseil Général reconnaît, lors de sa session d'août 1900, que l'état des routes est lamentable. Mais il avoue d'autre part manquer cruellement de ressources pour l'améliorer.

Il est vrai qu'à l'époque, le réseau est surtout emprunté par des charrois pesants dont les roues cerclées de fer n'arrangent rien. De plus, le train qui s'arrête dans la majeure partie des bourgs importants, concurrence sérieusement le transport par routes d'autant que les Landes, contrairement à d'autres départements, sont en retard quand à la pénétration de cette nouvelle invention qu'est l'automobile. C'est pourquoi le trafic fluvial est encore conséquent à la fin du XIXe siècle.

Le port de Dax, sur l'Adour, voit transiter les vins de la Chalosse, d'Armagnac, la résine, la cire, le bois, les pavés de rues, le grain et autres produits descendant de Mont-de-Marsan, de Port-de-Lanne, de Peyrehorade... Sur des galupes, bateaux à fond plat spécialement étudiés pour ce type de navigation. Ils arrivent jusqu'à Bayonne d'où ils repartent chargés de sel, de poissons de mer, d'huile, de clous et autres marchandises.

La compagnie des chemins de fer du Midi installe en 1854 un entrepôt de matériel à Morcenx-gare. Ce lieu-dit, grâce à cela, va s'étendre et prospérer. Comme la plupart des grandes entreprises, la compagnie des chemins de fer du Midi loge ses employés et créé sur place une école si renommée qu'en 1872 elle est prise en modèle par l'Académie. Ce vaste paternalisme longtemps en vigueur, qui prend les ouvriers en charge de la naissance jusqu'à la mort, est l'un des facteurs ayant procédés à la formidable pénétration du rail dans les provinces françaises. Morcenx-gare devient vite une petite agglomération plus importante que Morcenx-bourg, groupé frileusement autour de son église. Le nouveau village prend tant d'importance qu'en 1866, il suppléé Arjuzanx en tant que chef-lieu de canton.

La gare de Mont-de-Marsan, simple station sur la ligne Morcenx/Aire-sur-l'Adour. (coll. José Sainz)

Peyrehorade, sur les rives de l'Adour, est une ville importante, frontière entre les Landes et le Pays basque. (coll. J.F.R.)

De Morcenx, la ligne Bordeaux-Bayonne rejoint Dax en 1854 où la gare de Saint-Paul-les-Dax est inaugurée par l'impératrice Eugènie en personne.

De Morcenx aussi part en 1879 la liaison Mont-de-Marsan-Aire, prolongée jusqu'à Pau à partir de 1907. Cette ligne procure un souffle nouveau au chef-lieu du département et permet à la foire d'Aire, où règne le foie gras, de drainer grâce au train les habitants des campagnes environnantes. Ces jours-là, deux services quotidiens sont mis en place. A Saint-Sever le rail, arrivé en 1885, s'augmente quatre ans plus tard d'une liaison avec Dax, tandis qu'Hagetmau est relié avec Aire en 1909. Ici, ce sont les Tramways à vapeur de la Chalosse et du Béarn, circulant sur des voies plus étroites, qui entrent en lice.

La plus grande révolution de la seconde moitié du XIXe siècle est le chemin de fer, qui s'infiltre à travers les campagnes, desservant un grand nombre de villages et de bourgs jusque là recroquevillés sur eux-mêmes. Ce moyen de communication désenclave les Landes, les faisant découvrir par les touristes et par ceux qui, venant de tout le territoire, se rendent aux sources thermales de Dax pour se soigner.

Le barrage du Moulin, à Roquefort, fournit l'électricité à la ville au début du siècle. (coll. J.F.R.)

Les sources et le thermalisme

La légende dit qu'un légionnaire devant retourner à Rome, abandonne son chien perclus de rhumatisme, près d'une source. A son retour, il voit l'animal en pleine santé. Légende ? Toujours est-il que dès le premier siècle avant J.C, les Romains arrivent à canaliser l'eau de la fontaine chaude. Dès lors, les sources dacquoises deviennent si célèbres dans l'empire qu'Auguste y envoie sa fille Julie, souffrant de rhumatismes.

En 1859, M. Ratureau, maître hydrologiste, écrit :

« Les sources abondantes qu'on trouve à Dax ont des vertus réelles utilisées seulement aujourd'hui au profit des habitants. La douceur de la température et les ressources de la ville permettraient aisément de faire de ce poste une station thermale d'hiver où les malades des pays septentrionaux souffrant d'affections, qui redoutent le froid et l'humidité, ne manqueraient pas de se porter... »

L'année 1862 marque une date importante. Claude Lorrain procédant à un sondage pour trouver de nouvelles sources, découvre le banc de sel gemme existant sous la ville. De simple ouvrier, il devient directeur d'exploitation de la station des Thermes, fondée en 1864. De leur côté, les docteurs Larauza et Delmas fondent, en 1870, « le Grand Etablissement Thermal de la ville de Dax ». M. Larauza s'occupe en même temps des eaux de Pouillon et de Gamarde.

Le succès est rapidement acquis grâce aux excellents résultats des cures. Douze ans plus tard, lors d'un congrès, les savants et médecins assoient définitivement la renommée de la ville en vantant la pureté de son air. Dès lors, Dax met ses sources en valeur. La plus connue est la Néhé ou fontaine chaude, débitant 2 400 000 litres d'eau à 64° par jour. A l'époque, on l'utilise aussi pour les besoins domestiques et dans les cafés, elle accompagne

Une pause pendant la cure. Les patients se portent bien ! (coll. José Sainz)

La Néhé, source chaude captée par les Romains et qui fournit aussi l'eau chaude pour les besoins ménagers. (coll. José Sainz)

nécessairement le verre de gnole.

Les autres sources : la Roth, la source Saint Pierre, la source Sainte Marguerite, le Trou des pauvres ont bonne renommée.

Vers 1880, les établissements thermaux sont nombreux. Celui de la Roth a des installations assez précaires mais celui des bains de Saint-Pierre, dirigé par les demoiselles Lauquet, est plus moderne. Les bains Lavigne, Jules César, Sarrailh, Lacouture, dépendent de la Fontaine Chaude, les Thermes construits en 1869, les bains Séris et les Baignots appelés aussi bains de Marion ont de nombreux curistes. Toutes ces maisons, offrant ou non le logement, soignent avec des boues de l'Adour, et reçoivent tout au long de leur existence des malades célèbres comme Nicolas 1er roi du Monténégro, la reine de Roumanie, le Président Fallières, Poincaré, Clémenceau, Sarah Bernhardt, Utrillo, Pierre Benoît, Garibaldi... Ce qui oblige, au début du XXe siècle, à construire de luxueux hôtels.

Ces travaux sont l'œuvre de plusieurs maires : Raphaël Milliès-Lacroix reçoit le président Sadi Carnot pour l'inauguration de la statue de Jean-Charles Borda, grand savant et inventeur d'instruments de navigation dont le sextant.

Un curiste en traitement. On lui applique les boues bienfaisantes sur les parties de son corps où siègent les rhumatismes. (coll. José Sainz)

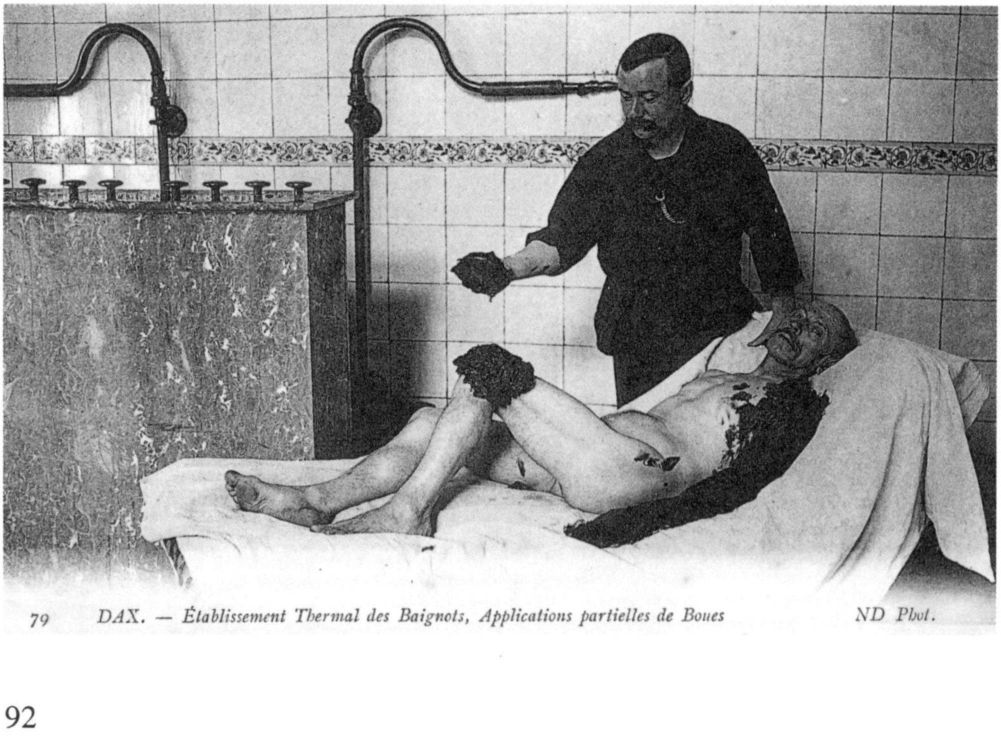

Être en cure n'est pas de tout repos ; les traitements prennent une bonne partie de la journée. (coll. José Sainz)

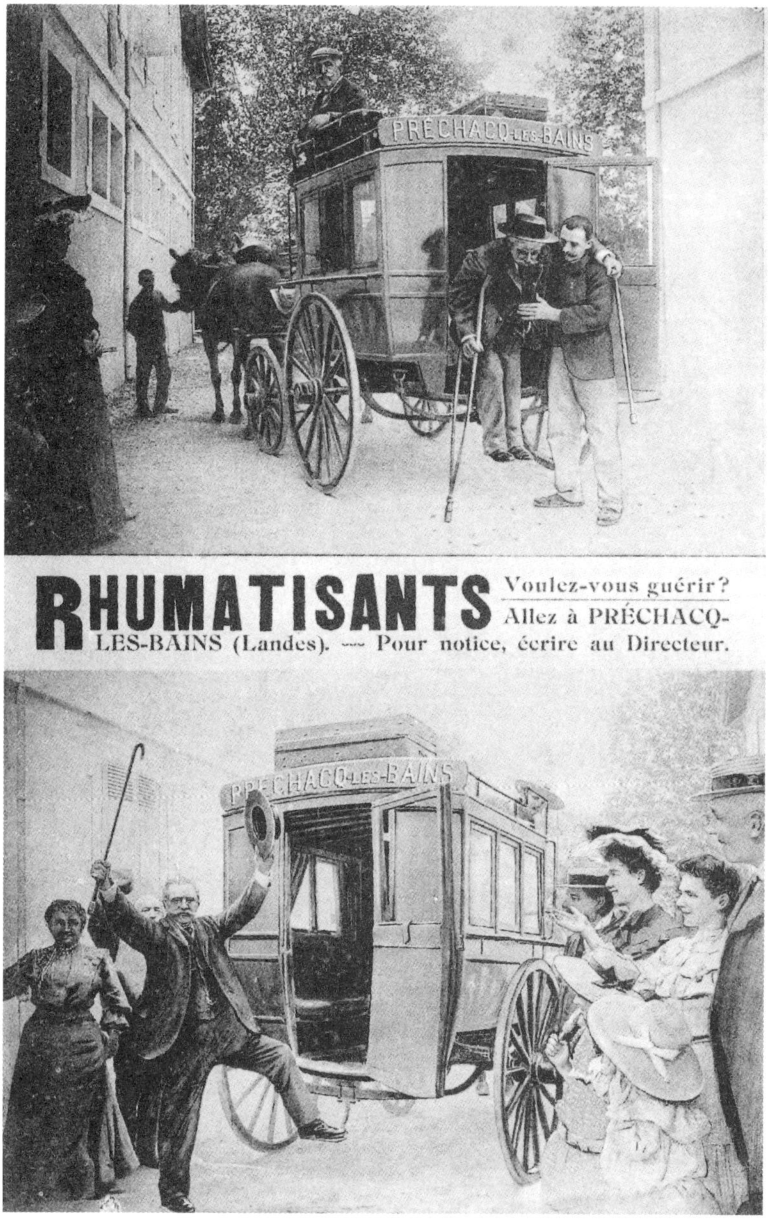

Voilà une publicité on ne peut plus convaincante des bienfaits des cures de Préchacq. (coll. José Sainz)

Le parc d'Eugénie-les-Bains où se promènent passants, bonnes d'enfant et curistes. (coll. J.F.R.)

Ils sont aussi le fait deThéodore Denis qui, pendant son mandat, structure la ville,et d'Octave Lartigau qui, avec l'architecte Alfred Pomade, incite la construction des arènes et de l'immeuble Birabeu.

Préchacq-les-bains et Eugénie-les-bains sont les autres villes thermales les plus réputées après Dax. Le site d'Eugénie-les-bains est connu des Romains, mais le captage des sources n'est fait que sous le règne d'Henri IV. La station parrainée par l'impératrice Eugénie, d'où son nom, est à l'origine un quartier de la commune de Saint-Loubouer.

Les bains de Laglorieuse, qui cessent de fonctionner en 1905, ont connu un célèbre curiste en la personne de Louis XIV. Un tableau au château de Versailles rappelle le royal séjour. Capbreton, à la fin du XIXe siècle, voit la construction d'un hospice de pauvre et d'enfants atteints de scrofules et autres maladies, établissement fondé grâce aux legs testamentaire de Mme Desjobert. Cet hospice devient sanatorium et doit bientôt s'agrandir pour faire face à toutes les demandes. En 1905, le ministère de l'Agriculture lui verse 40 000 F pour ces travaux.

A Saint-Martin-de-Seignanx, le député Léglise crée un asile de vieillards et fonde, sur son propre domaine, un hôpital militaire pendant la guerre de 14-18. Pendant cette époque très trouble, le docteur Ferdinand Massie, d'Habas, arpente la campagne à cheval et soigne les malades de quinze communes. Cet homme est le petit-fils du docteur Mathieu Massie, maire d'Habas à qui son village doit ses écoles, ses routes et une des sociétés mutuelles de secours, une des premières du genre en France. Avant cela, le Dr Dupouy, mort en 1886, installe à Bascons la première clinique que connaissent les Landes.

A Dax, les curistes profitent de leur séjour pour découvrir les arènes et s'initier aux courses de taureau. (coll. J.F.R.)

Dimanche 4 Décembre 1910 — LE NUMÉRO : 10 CENTIMES — Deuxième Année — Numéro 29

LES LANDES SPORTIVES

Journal Hebdomadaire de tous les Sports

ADMINISTRATION ET RÉDATION : 4, Rue Saint-Roch, MONT-DE-MARSAN — RÉDACTEUR EN CHEF : Luc LANUSQUET — ABONNEMENT D'UN AN : France, 4 fr. 50 — Etranger, 6 francs

Pour les annonces plusieurs fois répétées on traitera de gré à gré. — Les manuscrits non insérés ne sont pas rendus

A nos Correspondants

et ils s'enrôlent volontiers dans telle ou telle Société. Quant aux seconds, ceux qui ont la frousse du foot-ball, des belles randonnées à pied, à bicyclette, ou en canot, comment les transformer ? par la parole ? Ah ! bien ! ce qu'ils se moquent de nos laïus !... Et alors ?..

axe horizontal et leur manœuvre déplace l'aérostat dans le sens vertical de même que les gouvernails de direction le déplacent dans le sens horizontal.

De l'étude qui précède découle la supériorité incontestable et d'ailleurs incontestée, du dirigeable sur le bal-

aussi la série de ses succès futurs, nous lui souhaitons de pouvoir un jour parmi ses médailles, compter la médaille militaire.

CARILLON.

Football Association

Les Landes Sportives, *fondées en novembre 1909, ne paraissent pas pendant la Grande Guerre. En 1909 et 1910, le journal est de couleur verte. (coll. P. Beyria)*

En lisant le journal

Dax, ville célèbre dans toute la France pour ses eaux et son air des plus purs, distille aux curistes ses nouvelles dans plusieurs quotidiens ou hebdomadaires.La presse landaise au début du siècle est l'une des plus importantes qui soit. Le lecteur, de quelque opinion, de quelque confession qu'il soit, y trouve nécessairement la lecture qui lui convient.

L'*Adour*, hebdomadaire paraissant le dimanche à Dax, de 1871 à 1913. Rédacteur en chef: Albini Gieure, antigouvernemental, demande en 1913 l'élection du Président de la République au suffrage universel et le vote des femmes.

Le *Républicain Landais*, le plus lu et le mieux implanté dans le département où, de 1870 à 1944, il paraît trois fois par semaine.

Le *Journal des Landes*, dont le premier numéro sort le 13 novembre 1800 et le dernier en mars 1915. Edité par la famille Delaroy.

La *Nouvelle Chalosse*, créé en 1876. Rédacteur en chef: André Laborde-Lassalle qui quitte la sous-préfectorale pour protester contre la loi de la Séparation. Maire d'Eyre-Montcube, il est le représentant de la presse catholique et monarchique landaise.

Le *Progrès de la Chalosse*, dirigé par le député Benoît Sourigues.

L'*Avenir social,* journal syndicaliste et socialiste qui n'a publié que 24 numéros, de mai 1912 à 1914. Créé par Louis Lamaison, instituteur et secrétaire départemental de la SFIO de 1907 à 1914.

La statue de Borda, inaugurée par le Président de la République lors de son passage à Dax le 24 mai 1891. (coll. José Sainz)

Ci contre :
La journée présidentielle parfaitement minutée, ne laisse pas de place à un quelconque retard. (Dossier ADL)

Journée du Dimanche 24 Mai

BAYONNE

A 8 h. 5 matin.	Départ pour Dax.

DAX

A 9 h. matin.	Arrivée à Dax.
A 9 h. 10 mat.	Réception des Autorités à la Mairie.
A 9 h. 30 mat.	Inauguration de la Statue de Borda.
A 10 h. 30 m.	Visites à la Fontaine Chaude, aux Thermes, à l'Hôpital, etc.
A 11 h. 30 m.	Banquet au Théâtre offert par la Municipalité.
A 1 h. 40 soir.	Départ pour Mont-de-Marsan.

MONT-DE-MARSAN

A 3 h. soir.	Arrivée à Mont-de-Marsan.
A 3 h. 15 soir.	Réception à la Préfecture des Autorités civiles et militaires.
A 4 h. 30 soir.	Courses, jeux locaux aux Arènes.
A 5 h. 30 soir.	Visite aux Hôpitaux et Établissements publics.
A 7 h. soir.	Dîner à la Préfecture offert par M. le Président de la République.
A 9 h. soir.	Feu d'artifice et Réception à la Mairie.
A 9 h. 30 soir.	Festival au Jardin public.
A 10 h. soir.	Réception à la Préfecture des Maires du département.
A 11 h. soir.	Départ pour Paris.

Arrivée à Paris, le 25, à *10 h. 55 du matin.*

E. MAUCLERC, Paris

La *Croix des Landes*, paru de 1891 à 1929.

Le *Réveil des Landes*

La *Course landaise*, depuis le 19 mars 1905.
La *Terre*, journal syndicaliste dirigé en 1908 par Ernest Darrigade.
Les *Landes sportives*, fondées en 1909, rédacteur en chef: Luc Lanusquet.

Le *Courrier de Dax.*
L'*Echo de Dax.*
Le *Dacquois*, dont le rédacteur en chef est Théodore Denis, maire et député.
Le *Patriote Landais*, fondé en 1880.
Le *Patriote chalossais*, fondé en 1900, auquel succède rapidement la *République Nouvelle des Landes.*
Le *Républicain de la Grande Lande*, hebdomadaire paraissant le dimanche.
Le *Républicain de la Chalosse.*

... Et d'autres encore, à la vie plus ou moins longue, émanations d'idées religieuses, politiques et artistiques, donnant dans leurs colonnes matières à s'informer. Toutefois, il est bien connu que les lecteurs dévorent d'abord les nécrologies, puis les faits divers.

Faits divers.

La Chronique départementale du Journal des Landes du début du siècle fourmille d'annonces, anecdotes, nouvelles et faits divers émaillant la vie quotidienne du département.
Le 9 janvier 1900, on y lit: tentative de meurtre à Escalans où un mari jaloux tire un coup de fusil sur l'amant de sa femme.

Plus loin: M. Pellegry, capitaine de gendarmerie de Mont-de-Marsan, part pour Rochefort. M. Astruc, venant de Figeac, lui succède. M. Pigeon, nommé chef d'escadron, est appelé à commander la gendarmerie. Et enfin: une mention honorable est décernée par le Ministre de l'Intérieur aux soldats musiciens du 34e régiment d'infanterie Léon Litzow et Dominique Labat, pour avoir maîtrisé un cheval emporté.

Accident de train à Laluque (12 avril 1900): un déraillement s'est produit à Lalluque avant-hier, au point même où se produisit en septembre dernier le grave accident qui occasionna la mort d'un homme. Le train Sud-Express a pris en écharpe le train des Landes 171, qui fait le service de Laluque à Linxe. Le chef de train, nommé Larroque, a été légèrement blessé à la tête. Des secours ont été envoyés de Morcenx. Cet accident a retardé de plus de trois heures l'arrivée du Sud-Express à Bordeaux.

Buglose, tout comme le berceau de saint Vincent de Paul, est un haut lieu de pèlerinage. (coll. J.F.R.)

Le même jour, le *Journal des Landes* annonce le programme de la fête annuelle du berceau de Saint Vincent de Paul :
6 h : messe de communion célébrée par Mgr Delannoy, évêque d'Aire et de Dax.
8 h 1/2 : messe basse.
9 h 1/2 : messe solennelle.
11 h : messe basse.
3 h : vêpres pontificales.

Le 24 avril 1900 : « Un accident qui aurait pu avoir des suites plus fâcheuses est arrivé ces jours derniers sur la route d'Arengosse à Ygos. Un bicycliste cordonnier à Ygos revenait de promener, lorsqu'arrivant en face de la maison Daret, un cochon qui se trouvait sur l'accotement de la route, prit peur et vint heurter la machine. Le choc a été des plus forts vu que le vélocipédiste marchait en ce moment à 30 km/h. Machine et vélocipédiste ont fait un saut des plus variés.

Le bicycliste, à la suite de cette chute, a eu le pouce de la main droite foulé et la main gauche fortement endommagée. »

Labouheyre (8 mai 1900). Depuis que le temps est au beau, le syndicat des propriétaires contre les incendies vient d'organiser la surveillance des pins. Cette surveillance faite du haut de la tour de l'église permet de découvrir au loin le moindre nuage de fumée.

Et le 25 septembre 1900, on apprend qu'une médaille d'honneur vient d'être accordée par le gouvernement à Jean Barbe, ex-cantonnier à Vieux-Boucau, pour le dévouement dont il a fait preuve le 3 mars 1900, en sauvant un homme et une femme emportés par le courant sur la place de Vieux-Boucau.

Dans les Landes comme ailleurs, le tribunal correctionnel a du travail, ainsi que le montre sa séance du début mai 1900 :

Jean Canguilhem, 26 ans, manœuvre à Mont-de-Marsan, outrage grossièrement l'agent Cayre. Il est condamné à 25 F d'amende et 1 F pour ivresse. Jean Mesplède, d'Ousse, sortant d'une auberge vers 11 h du soir, tombe sur le nommé François Dubarry, de la même localité et sans motif aucun, lui administre une volée en règle. A l'audience, le prévenu manifeste des regrets : coût, 50 F d'amende.

Jean Laffargue, cultivateur à Saint-Justin, incinère une lande pour faire un semis de pins. Malgré les précautions prises, le feu se développe à une propriété voisine et y fait quelques dégâts, que Laffargue a réparé en indemnisant le propriétaire. Cela lui vaut 100 F d'amende.

Marie Berque, femme Dolié, domiciliée à Saint-Paul-en-Born, a volé une poule à la femme Lafaurie. Quarante-huit heures de prison. La femme Marie Fages, de Labastide-d'Armagnac, est poursuivie pour vol de deux poules au préjudice de la dame Duron. Déjà condamnée en janvier 1898 pour le même motif, elle fera vingt jours de prison.

Bien plus grave est le crime de Roquefort qui a marqué les années 1880.

Le jeune Lucien Sallenave quitte Roquefort où vit sa famille, pour apprendre le métier de maçon à Bordeaux. Au début, ouvrier habile et consciencieux, on le cite en exemple. Pourtant bien vite, sa conduite change et sans doute attiré par la vie facile, il se met à fréquenter plus assidûment les cabarets mal famés que les chantiers. Partout où il passe, à Bordeaux, à Pau, à Mont-de-Marsan, il a maille à partir avec la maréchaussée, si bien que le tribunal de Mont-de-Marsan le condamne le 28 avril 1879 à 15 jours de prison pour abus de confiance.

Après ce séjour à la maison des haricots, comme on dit à l'époque, il revient chez lui à Roquefort où il travaille un peu chez un cultivateur, sans que sa conduite ne s'améliore. Pire, lorsque sa mère malade teste en faveur de sa sœur Amandine, Lucien entre dans une colère folle, et menace son père de mort s'il ne réussit pas à faire changer le testament de sa mère. La brave femme s'exécute avant de mourir le 8 avril 1880.

Le 13 mai, il abandonne à son père ses droits mobiliers dans la succession maternelle pour 400 F, et lui cède à titre de bail de ferme ses biens immobiliers pour 200 F par an. Mais ces 600 F sont vite dispersés et son père refuse de lui faire des avances sur héritage.

Dès lors, les rapports père-fils s'enveniment si bien que son père est obligé, à plusieurs reprises, d'appeler le maire et la gendarmerie pour se protéger.

Le 11 octobre, ils se rencontrent à la foire de Mont-de-Marsan où, après avoir fait un copieux tour des auberges, Lucien suit son père rentrant chez lui. Vers 9 h du soir, il pénètre dans la maison familiale alors que sa sœur participe à une veillée chez des voisins. Quelques instants plus tard, le vieil homme à demi vêtu se traîne chez ces mêmes voisins où, appelant sa fille, il murmure : ce brigand m'a tué !

Le lendemain, malgré les soins prodigués par le médecin, il meurt après avoir déclaré que son fils l'a frappé d'un violent coup de pied au ventre. L'autopsie révèle en effet que la mort est due à un coup ayant perforé l'intestin grêle.

Pendant ce temps, Lucien qui n'a aucun regard pour son père, ne cherche qu'à se disculper.

Devant les juges il prétend que, malgré sa violence et ses menaces, son père est tombé lui-même contre le coin de la table, thèse contredite formellement par l'instruction. Malgré cela, Lucien Sallenave n'est condamné le 25 février 1881 qu'à 5 ans de prison, le jury lui ayant trouvé des circonstances atténuantes.

Un autre crime a lieu à Horsarieu en 1891, où un vieillard est tué pour 300 F. Plus tard une jeune femme qui s'est fait avortée est acquittée sous les vivats de l'assistance ; cependant, il a failli y avoir mort d'homme le 22 février 1887 à Dax.

Ce jour-là, Théodore Denis, alors juge suppléant et directeur du Dacquois provoque en duel sur l'île aux Faisans le directeur du Courrier de Dax qui l'accuse de tiédeur républicaine !

Mais les faits divers ne rapportent pas que le côté noir de l'homme, ils parlent aussi de courage.

Le 12 mars 1891, le Républicain Landais félicite la compagnie d'Assurance le Soleil qui vote une prime de 40 F de récompense en faveur des sapeurs-pompiers de Dax, pour le zèle dont ils ont fait preuve lors de l'incendie du 6 février précédent qui a détruit la fonderie de Gustave Delestain rue Ramonbordes.

A MONSIEUR CARNOT
PRÉSIDENT DE LA RÉPUBLIQUE FRANÇAISE,

LES FEMMES DE FRANCE

Poésie dite par une jeune fille du quartier Rigole. (Mont-de-Marsan), en remettant, avec quelques-unes de ses compagnes, un bouquet de fleurs des champs, aux couleurs nationales, à M. le Président de la République.

Souvenir de la Fête du 24 Mai 1891.

Nous sommes l'avenir ; nous sommes l'espérance...
De nos petites mains nous vous offrons ces fleurs,
Qui portent, comme nous, humbles filles de France,
Du drapeau glorieux, les sublimes couleurs.

Elles croissaient aux champs... Nos mères, recueillies,
Songeant à l'autre Mère — hélas ! toujours en deuil,
Parlant de vos vertus, pour vous les ont cueillies ;
Et leur cœur, en ce jour, s'emplit d'un noble orgueil.

Car vous êtes Celui qu'un peuple entier vénère ;
Dont la gloire si pure et l'auguste bonté
Font chérir la Patrie ; et, sur terre étrangère,
Rendent son nom — si doux ! — puissant et redouté.

A leurs enfants, de vous, ainsi parlent nos mères,
Qui, tressaillant toujours d'espoirs mystérieux,
Vous offrent, plus vivants que ces fleurs éphémères,
Par nos voix, leurs souhaits de destin glorieux.

Constant BONNEFEMNE.

Tout au long de son périple landais, le Président Carnot a écouté les poèmes récités par les enfants des écoles, comme celui-ci. (Dossier ADL)

Un Président dans les Landes.

Le 23 mai 1891, le Président de la République Sadi Carnot pose le pied sur la terre des Landes à 4 h précises, rapporte le *Républicain Landais*. Venant de Bayonne, sa première visite est pour les Forges de l'Adour, la plus grande usine landaise de l'époque.

Il poursuit son périple par le train et s'arrête quelques instants à Saint-Vincent-de-Tyrosse où une foule énorme l'acclame sur le quai de la gare.

A Dax, où il arrive à 8 h 57, il est accueilli par le maire Milliès-Lacroix, les sénateurs Ces-Campenne, Lourties et Pazal, les députés Jumel, Loustalot et Léglise, le sous-préfet Plantié et M. Le Préfet. Le Président, accompagné du ministre de la Marine M. Barbey, assiste à l'inauguration de la statue de Borda puis prend part au gigantesque banquet dressé en son honneur par les autorités locales. Tous les notables que compte Dax et ses environs y sont conviés. Les discours sont nombreux, le maire, le sous-préfet, les députés ont leur mot à dire, et le Président les satisfait pleinement quand il leur dit que « le département des Landes a résolument contribué au triomphe de la République. »

Dernières recommandations de la Présidence au Préfet des Landes à propos de la visite du président Sadi-Carnot. (coll. J.F.R.)

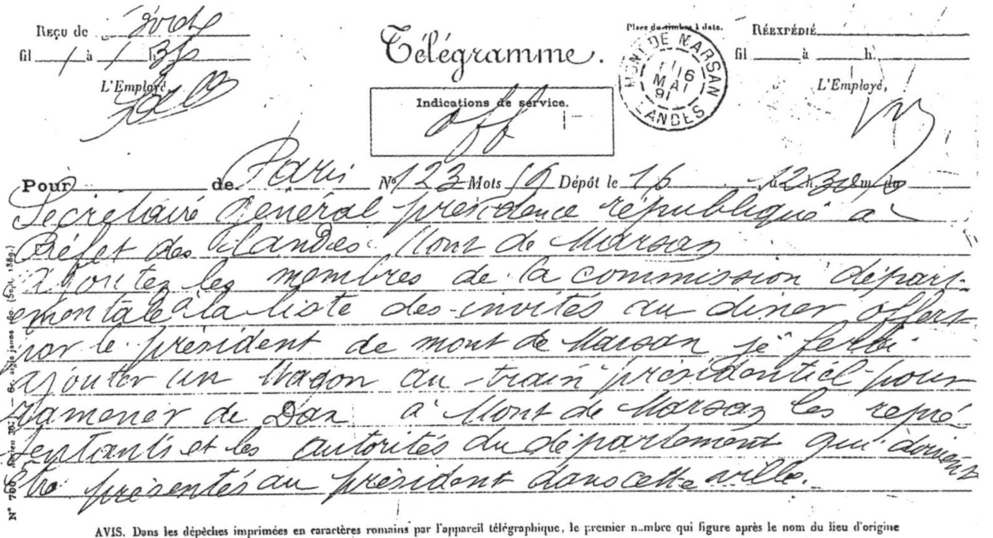
Reçu de Poste
fil 1 à 1 35
L'Employé

Télégramme.

Indications de service.
Off

MONT DE MARSAN 16 MAI 91 LANDES

Réexpédié
fil à h.
L'Employé,

Pour de Paris N° 123 Mots 60 Dépôt le 16 à 12 h 35 m du

Secrétaire Général présidence république à
Préfet des Landes Mont de Marsan
Portez les membres de la commission dépar-
-tementale à la liste des invités au dîner offert
par le président de Mont de Marsan je fais
ajouter un wagon au train présidentiel pour
amener de Dax à Mont de Marsan les repré-
-sentants et les autorités du département qui doivent
être présentés au président dans cette ville.

AVIS. Dans les dépêches imprimées en caractères romains par l'appareil télégraphique, le premier nombre qui figure après le nom du lieu d'origine est un numéro d'ordre, le second indique le nombre des mots taxés, les autres désignent la date et l'heure de dépôt.

CHEMINS DE FER DU MIDI

EXPLOITATION

1re Division

Bureau

No 2033

Rappeler dans la réponse, avec la date et le numéro de la présente, l'indication du Bureau.

Bordeaux, le 5 Mai 1891
Rue de la Gare

Monsieur le Préfet,

J'ai l'honneur de vous informer, en réponse à votre lettre du 2 Mai courant, qu'à l'occasion du séjour de M. le Président de la République à Mont-de-Marsan la Compagnie mettra en marche au départ de Bayonne, de Tarbes et de Bordeaux, des trains de plaisir qui partiront de Mont-de-Marsan, pour le retour, dans la nuit du 24 au 25 Mai, vers minuit.

Veuillez agréer, Monsieur le Préfet, l'assurance de ma haute considération.

Le Chef de l'Exploitation,

Monsieur le Préfet des Landes, à Mont-de-Marsan.

Les chemins de fer du Midi informent la préfecture que les trains de plaisir seront à l'heure.

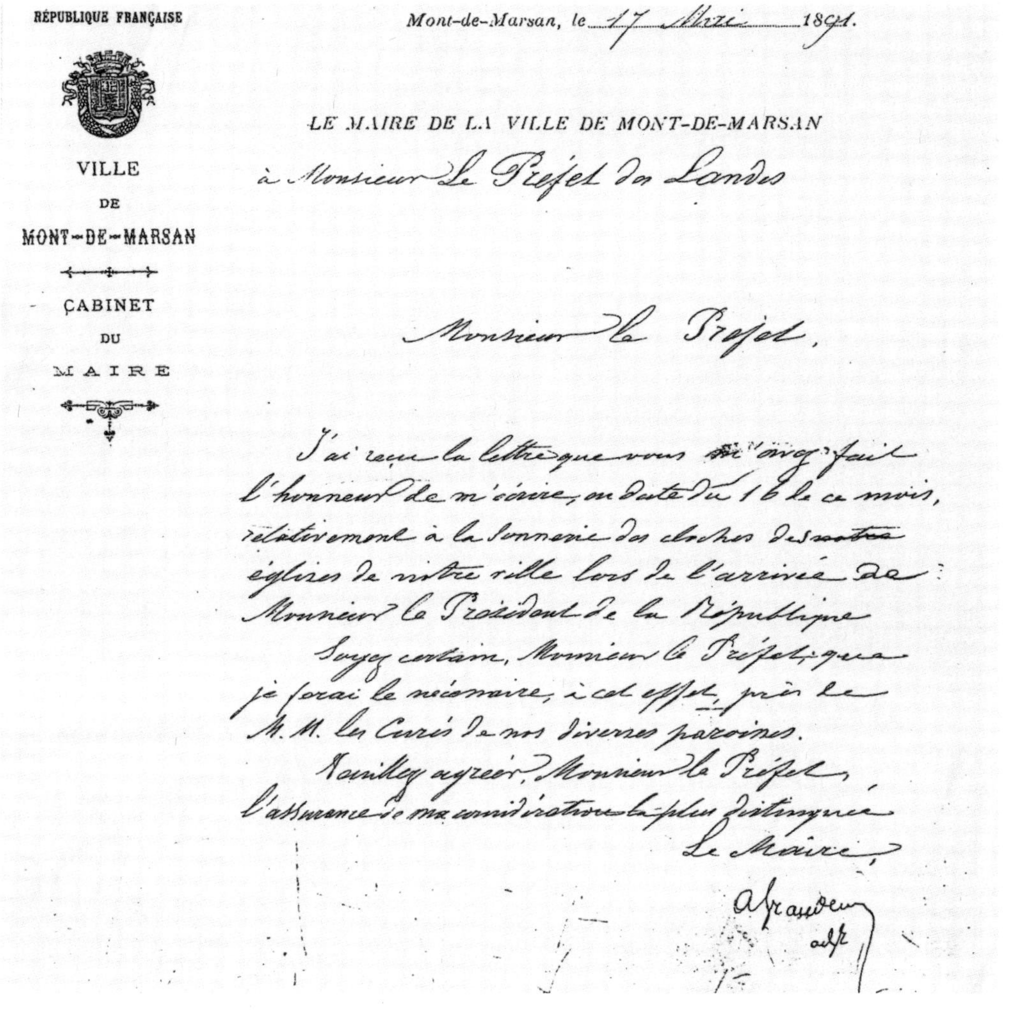

RÉPUBLIQUE FRANÇAISE

Mont-de-Marsan, le 17 Mars 1891.

VILLE
DE
MONT-DE-MARSAN

CABINET
DU
MAIRE

LE MAIRE DE LA VILLE DE MONT-DE-MARSAN

à Monsieur le Préfet des Landes

Monsieur le Préfet,

J'ai reçu la lettre que vous m'avez fait l'honneur de m'écrire, en date du 16 de ce mois, relativement à la sonnerie des cloches des ~~nos~~ églises de notre ville lors de l'arrivée de Monsieur le Président de la République.

Soyez certain, Monsieur le Préfet, que je ferai le nécessaire, à cet effet, près de MM. les Curés de nos diverses paroisses.

Veuillez agréer, Monsieur le Préfet, l'assurance de ma considération la plus distinguée.

Le Maire,

Monsieur le Préfet demande au maire de Mont-de-Marsan de faire sonner les cloches en l'honneur du président Sadi Carnot.

Le lendemain, Sadi Carnot visite Morcenx où il s'arrête à 2 h 25 de l'après-midi. Il est accueilli par la fanfare la Cigale qui interprète sa plus belle Marseillaise quand il agrafe les palmes académiques au revers du veston de M. Descombes, directeur de l'école des Chemins de fer du Midi.

A Mont-de-Marsan, chef-lieu du département, le Président découvre un superbe arc de triomphe élevé à son intention. La ville en fête croule sous les illuminations, les réceptions se succèdent les unes aux autres, la plus appréciée étant celle de la remise des médailles à diverses personnalités, mais aussi à de plus humbles gens.

Le maire de Mont-de-Marsan, M. Gobert, et le conseiller général du canton d'Hagetmau, reçoivent la Légion d'Honneur, M. Demoulin de Riols, conseiller général de Peyrehorade est fait officier du Mérite Agricole et le Mérite Agricole échoue à MM. Boucau, maire de Lévignacq, Massie, médecin à Labatut et Friès, agriculteur à Mugron.

Le président décerne aussi 28 médailles du travail, moitié pour l'industrie et moitié pour l'agriculture. Parmi les récipiendaires : Jean Dulin, 56 ans de travail dans la même métairie à Pouydessaux, Simon Dupuch, 51 ans à Sabres et Jean Décès, 60 ans de fidélité dans la métairie de Campenne. Louis Borde est décoré pour 49 ans de service dans la même tonnellerie à Tartas de même que Mlle Augustine Davérat, commis depuis 47 ans dans le même magasin montois.

M. Deyries, maire de Tartas qui a reçu les palmes académiques, est fêté dans sa bonne ville comme un héros, chacun se félicitant que ses douze années de bons et loyaux services auprès des tarusates soient reconnues par le Président de la République lui-même.

L'homme d'état n'est pas seulement généreux de décorations, il l'est aussi de pourboires. Le dénommé Méniquette, l'habile postillon qui a conduit le landau présidentiel à Mont-de-Marsan, reçoit 100 F des mains de son illustre passager.

En 1913, un autre président, Raymond Poincaré, visite les Landes le 6 octobre.

Les palmes académiques décernées par Sadi Carnot à M. Descombes récompensent un travail admirable auprès de la jeunesse. Mais le directeur de l'école de Morcenx œuvre, si l'on peut dire, sur du velours, ce qui n'est pas le cas général.

L'éducation à cette époque subit des assauts laïcs et confessionnels malgré la loi républicaine de Jules Ferry. Décréter l'école laïque est plus facile à dire qu'à faire, surtout dans l'esprit populaire où, depuis des siècles, le respect de la chose religieuse est une seconde nature. De plus, l'obligation scolaire n'améliore pas les finances de certaines communes.

Vingt-deuxième Année, — N° 57 | Liberté — Égalité — Fraternité | Dimanche 24 Mai 1891 | 9

LE RÉPUBLICAIN LANDAIS

Un Numéro 10 c. | **JOURNAL DÉMOCRATIQUE DU SUD-OUEST** | Un Numéro 10 c.

Paraissant les Mercredi, Vendredi et Dimanche

ABONNEMENTS :

Mont-de-Marsan et Département		Hors le Département	
Trois mois	6 fr.	Trois mois	6 fr.
Six mois	10	Six mois	12
Un an	18	Un an	20

(Étranger le port en sus)

N. B. — On peut s'abonner Sans Frais dans tous les Bureaux de Poste en versant le montant du prix d'abonnement.

Administration et Rédaction : Rue de l'Hôpital, numéro 8, MONT-DE-MARSAN.

Rédacteur en Chef : Gaston BALLY — Secrétaire de la Rédaction : X... — Administrateur : Arthur DUPEYRON

INSERTIONS :

Annonces Judiciaires, (la ligne)	20	centimes
Annonces Commerciales	25	—
Réclames	30	—
Faits Divers	40	—

(A forfait ou de gré à gré pour les annonces plusieurs fois répétées). Les Annonces Judiciaires et Légales peuvent être publiées par le Républicain Landais, pour tout le Département.

Adresser les demandes d'Abonnements ou d'Insertions à M. A. DUPEYRON

M. CARNOT A MONT-DE-MARSAN

VIVE CARNOT ! VIVE LA RÉPUBLIQUE !

M. Carnot, Président de la République Française, entre aujourd'hui dans le chef-lieu du département des Landes, appelé par les vœux de tous nos concitoyens, accompagné de leurs sympathies les plus ardentes, de leurs vivats les plus chaleureux.

Il y a aujourd'hui 18 ans, le 24 mai 1873, un Président républicain, M. Thiers, tombait sous les coups d'une majorité de réactionnaires élus en un jour de malheur.

Quel chemin parcouru depuis !

La République est sortie victorieuse et rayonnante de toutes les épreuves, de toutes les luttes, de tous les périls. Et aujourd'hui 24 mai 1891, un Président républicain, dans notre département républicain, marche d'ovations en ovations.

Le 24 Mai n'est plus pour nous une date sinistre. Il devient, pour les républicains landais, une date triomphante.

Toutes les têtes se découvrent devant M. Carnot. Partout retentissent des tonnerres d'applaudissements ; partout des cris de « Vive la République ! »

M. le Président, nous vous saluons avec le plus profond respect et la joie la plus éclatante.

Nous saluons en vous le citoyen qui sait faire respecter et partout acclamer notre chère République, l'homme qui a été élevé à la première magistrature du pays par la seule force de son intégrité personnelle, dont l'arrivée au pouvoir a pleinement rassuré l'honnêteté publique, un moment inquiète, et dont l'élection, sous le ciel clair de notre de notre beau pays de France, a été une victoire remportée par ces vertus si françaises et si républicaines, la Probité, la Droiture, la Loyauté.

Nous saluons en vous ce dépositaire du pouvoir exécutif qui naguère, par son calme inébranlable, déconcertait les manœuvres audacieuses de la plus perfide des coalitions ; qui réconfortait le citoyen tremblant pour la liberté ; qui, d'une main virile, tenait flottant au-dessus de la mêlée tumultueuse, le drapeau aux trois couleurs, le drapeau de la République.

Nous saluons en vous, enfin, le chef d'Etat dont la dignité ferme et courtoise impose le respect aux monarques les plus arrogants de l'Europe, et sous le ra[illegible] est devenue assez forte pour attendre avec confiance le jour suprême où luira « la justice immanente de l'histoire » le jour où l'on vous nommera, comme votre illustre aïeul, l'organisateur de la victoire.

Quant à nos ennemis de l'intérieur, à nos adversaires politiques, si souvent battus à plate couture, ils n'ont pas tous désarmé. Ils n'ont pas tous renoncé à leurs espérances déçues, à leur prétention de « faire marcher la France. »

Les uns, essayant de rallier leurs soldats en déroute, nourissent — comme notre député provisoire, M. de Guilloutet — le belliqueux projet de monter encore une fois à l'assaut de nos libertés, derrière le panache violet du redoutable mousquetaire Othenin d'Haussonville, de l'Académie Française.

D'autres, plus humbles pour la circonstance, nous demandent la permission d'entrer sans bruit, de se glisser doucement, de se faufiler jésuitiquement dans la citadelle républicaine ...... pour en chasser les républicains.

Contre ces ennemis de l'intérieur, M. le Président, vos voyages dans les départements sont la plus efficace des luttes, la plus fructueuse des propagandes.

En vous regardant passer, les populations voient en vous la personnification de la République. A ceux qui hier encore nous traitaient de voleurs, nos braves paysans, nos braves ouvriers répondent :

« Un gouvernement qui a pour chef M. Carnot, est un gouvernement d'honnêtes gens. »

Et de même qu'ils repoussent les avances de M. Othenin d'Haussonville, qui est académicien, de même, ils dédaignent les injures de M. Guilloutet, qui probablement ne le sera jamais.

C'est ainsi, M. le Président, que sur votre passage fleurit l'idée républicaine et se lève la moisson de l'avenir.

Nous aurions voulu, M. le Président, appeler votre bienveillante attention sur les intérêts du département et du chef-lieu. Cependant, dans une circonstance si solennelle, au milieu d'une fête si imposante, il serait peu séant, nous semble-t-il, d'importuner le Chef de l'État en lui soumettant des questions graves en elles mêmes, assurément, mais qui après tout ne sont que locales. Tout le monde sait, du reste, que sur ces points particuliers vous écoutez et écouterez toujours avec la plus attentive aménité, la parole autorisée de nos représentants républicains.

En présence du Président de la République, nous ne devons parler ici que des intérêts généraux de la Nation. Nous dirons donc :

Le peuple est avec la République. La République ne saurait hésiter à réaliser les réformes nécessaires au bonheur de ce peuple, à balayer les derniers vestiges de dix siècles de despotisme, à renverser les barrières ridicules que des formalistes attardés prétendent opposer à la marche de l'esprit moderne.

Aussi, en terminant, nous sommes heureux de saluer en vous, Monsieur le Président, non seulement le premier citoyen de la République, mais encore l'homme d'État qui sait que la perfection est un idéal toujours fuyant, mais dont il faut se rapprocher sans cesse ; qui estime que la politique est un moyen, non un but ; qui, à Limoges, vient de proclamer solennellement l'urgence des réformes ouvrières et sociales ; qui pense que pour une démocratie le mouvement incessant, le progrès ininterrompu, sont des lois et des conditions d'existence ; qui croit que la pensée humaine peut et doit, pacifiquement, bien entendu, briser enfin les formules datant d'un autre âge et créées pour une civilisation depuis longtemps disparue.

En avant, toujours en avant, à la poursuite de cet idéal d'égalité, de fraternité, de justice sociale que nous rêvons avec vous pour la Démocratie Française !

Vive Carnot !

Vive la République !

GASTON BALLY.

(Voir plus loin le compte-rendu télégraphique de l'arrivée de M. Carnot dans les Landes jusqu'au moment du banquet de Dax.)

CARNOT

Elu Président de la République Française

(Par le Congrès de Versailles, le 3 décembre 1887.)

LES CARNOT

Ce matin, vers huit heures, le Chef de l'Etat est entré dans les Landes.

Le jour où il fait le grand honneur de rendre visite à notre département et à notre cité il nous sera permis de laisser un instant de côté sa haute personnalité de chef de l'Etat pour ne voir en lui que le représentant de l'illustre phalange républicaine des Carnot. Carnot ! Glorieuse épopée d'une famille à travers un siècle de luttes ! Pas un des siens n'a jamais manqué à l'appel pour l'organisation de la République, pour la défense de la patrie. Rappelons à grands traits la carrière de ces illustres serviteurs de la démocratie française : Lazare Carnot, Hippolyte Carnot, son fils, et Sadi-Carnot, que nous allons saluer tantôt et qui continue si dignement les traditions paternelles.

LAZARE CARNOT

Lazare-Nicolas-Marguerite Carnot, né le 13 mai 1753 à Nolay, petite ville bourguignonne, située au fond d'un vallon pittoresque, sur la route de Beaune à Autun, était le second fils et le troisième enfant de Claude Carnot, notaire, et de Marguerite Pothier, qui eurent dix-huit enfants dont 7 leur survécurent.

Les Carnot habitaient Nolay depuis un temps immémorial. On voit encore à Epertully, petit village des environs, et berceau de la famille, un puits public, une croix de pierre et une vieille maison qui portent le nom de Carnot. Ce nom même est dérivé des vieux idiomes gaulois « Carn » ou « Karn », signifiant en langue celtique : « Pierre Sacrée ».

Claude Carnot, le notaire, avait succédé à son frère aîné, qui lui-même tenait sa charge de leur père. Notre homme cumulait ses fonctions notariales avec celles de bailli de Nolay, avocat et juge de plusieurs seigneuries des environs. Esprit fin et cultivé, il éleva sa nombreuse famille dans les principes de vertu et d'honneur. Il dirigea lui-même les premières études de ses fils.

Il céda sa charge de notaire à l'un d'eux Jean François-Reine qui la conserva jusqu'en 1840. Le titulaire actuel est Me Lacomme.

Carnot, lieutenant de génie

Lazare acheva ses études classiques au collège d'Autun. A seize ans son père l'envoya à Paris à l'Ecole militaire préparatoire dirigée par M. Longpré, l'ami d'Alembert. A dix-huit ans il entrait le trois ème à l'Ecole militaire de Mézières, où il trouva pour professeur et pour ami son compatriote Gaspard Monge. Il en sortit en 1773 avec le grade de lieutenant de génie et fut envoyé en garnison à Calais.

Ce n'était pas sans difficultés que Lazare Carnot était entré à l'Ecole de Mézières ; non point que ses connaissances fussent inférieures à celles qui étaient exigées, car, dès son enfance, il avait montré des dispositions extraordinaires pour les mathématiques, et il était un des plus brillants élèves de sa promotion, mais, il lui manquait quelque chose d'essentiel à cette époque-là : une particule. Carnot n'était pas noble. Cependant Chérin, généalogiste du roi, intraitable sur ce chapitre, trouva suffisante la suite de ses ancêtres, bourgeois il est vrai, mais « bourgeois vivant noblement », qui remontait jusqu'au treizième siècle, ce que prouvaient les papiers présentés par le jeune candidat.

Monge, moins heureux — son père était rémouleur à Beaune — ne put être admis comme élève. On se contenta de le garder à l'Ecole en qualité d'appareilleur, autant dire domestique. On sait le chemin qu'il fit. Quant à Carnot, il resta lieutenant pendant dix ans. Il ne passa capitaine qu'en 1783 et à l'ancienneté. Il avait atteint le grade le plus élevé auquel il lui fût permis de prétendre sous la Monarchie. Cet arrêt forcé donnait des loisirs. Il en profita pour se livrer à des études littéraires et à des recherches scientifiques.

En 1783, il publia l'*Essai sur les Machines*, en 1784, l'*Eloge de Vauban*, couronné par l'Académie de Dijon et qui valut à son auteur les compliments d'un homme qui s'y connaissait, ceux de Buffon ; enfin, en 1788, un *Mémoire* adressé au ministre de Brienne sur l'utilité de maintenir toutes nos places fortes.

Ce dernier ouvrage, publié à la veille de la Révolution, eut un retentissement considérable. Carnot, petit officier sans fortune et sans protection, ne craignait pas de porter un jugement hardi sur le faux esprit militaire, sur les conquêtes et les conquérants dans le temps où la parole n'était pas libre et où les sabreurs faisaient l'admiration du monde.

Il y disait comment il comprenait la guerre. « Toute guerre juste est essentiellement défensive », et, n'étant pas homme à déguiser sa pensée, il rejetait même assez cavalièrement les idées reçues, combattant avec une audace qui n'était pas sans péril l'opinion de certains hauts personnages, ses chefs hiérarchi-

Format réel : 59,5 x 43 cm

La une du Républicain Landais *du 24 Mai 1891, relatant l'événement historique.*

L'école et l'éducation

L'école rendue obligatoire par la loi Jules Ferry du 28 mars 1882 a du mal à se mettre en place, même si cette loi est la conséquence logique d'une série de circulaires, décrets et décisions pris tout au long du XIXe siècle où, dans ses grandes lignes, l'instruction française suit ce parcours :

De 1815 à 1828, l'enseignement congréganiste (religieux) est privilégié. De 1828 à 1848, une réaction laïque s'amorce, notamment par la loi Guizot qui oblige les communes à ouvrir une école primaire de garçons, gratuite pour les indigents. De 1849 à 1860, la loi Falloux renforce l'autorité de l'Église, Thiers demandant même que « l'action du curé soit forte parce qu'il compte sur lui pour propager une bonne philosophie qui apprend l'homme à souffrir ». De 1860 à 1873, la laïcité reprend le dessus avec Victor Duruy, dont la loi de 1867 oblige les communes de plus de 500 habitants à ouvrir une école primaire de filles. De 1875 à 1879, l'Église revient en force mais la période 1880-1914 voit le triomphe de l'école communale par la loi J. Ferry, le paiement des instituteurs par l'État (loi du 19 juillet 1889), la fermeture des écoles congréganistes (27 juin 1902) et enfin par la Séparation de l'Église et de l'État.

Quand tout se passe bien, la classe commence à 8 h du matin par une inspection de propreté. Elle se poursuit par une leçon de morale qui remplace, depuis 1882, la prière collective, sauf dans les écoles religieuses, évidemment.

En effet, la loi de 1882 modifie énormément l'enseignement, imposant des matières jusque là facultatives comme le dessin, les sciences naturelles et l'éducation physique, cependant inexistante chez les filles. Le but est de préparer les jeunes garçons forts et disciplinés, habiles au maniement des

Victor Duruy. (coll. J.F.R.)

armes, afin de former, dès l'enfance, l'armée de la Revanche.

Depuis Victor Duruy, la classe est dite obligatoirement en français et non plus en patois, que les enfants ont interdiction formelle de parler même en récréation, sous peine de lourdes punitions. Aussi, imaginons le désarroi et les difficultés rencontrées par la plupart d'entre eux, qui ne parlent que gascon depuis leur plus jeune âge, qui l'entendent à longueur de journée chez eux et même à la messe, où certains prêtres prêchent régulièrement en cette langue.

L'horaire des classes est normalement de 8 h à 11 h, et de 1 h de l'après-midi à 4 h, souvent aménagé à la demande du maire et des instituteurs, comme le montre cette lettre de M. et Mme Lavieille, instituteurs à Cagnotte, adressée le 8 octobre 1904 à l'inspection du primaire de Dax :

« Nous sommes d'avis que la demande de M. Le Maire de Cagnotte tendant à modifier les heures de classe, soit favorablement accueillie pour les motifs suivants :

a) Un certain nombre d'élèves ne pourraient pendant l'hiver arriver le matin à 8 h à cause de la grande distance qu'ils ont à parcourir (5 à 6 km) et du mauvais état de quelques chemins.

Les enfants des villes jouent au cerceau pendant que les enfants des champs aident leurs parents quand l'école est finie. (coll. José Sainz)

b) Pendant l'école, beaucoup d'enfants gardent le bétail avant de partir à l'école.

c) De tous temps à Cagnotte, la rentrée des classes a eu lieu à 9 h. Nous sommes persuadés que la modification sollicitée favorisera l'assiduité... »

D'autres aménagements ont lieu pour des raisons tout aussi pratiques ; Cazalis en 1881 et Morganx en 1888 obtiennent que le mercredi, tous les quinze jours, remplace le jeudi jour de congé, à cause du marché local pendant lequel les enfants gardent le bétail ou leurs petits frères et sœurs. A cet égard, trois enfants seulement sur 60 sont présents à l'école de Philondenx le jour du marché d'Arzacq où leurs parents se sont rendus en l'année 1890.

Les municipalités n'ont en effet aucun intérêt à entretenir une école où règne l'absentéisme, véritable fléau de l'enseignement naissant. Il faut dire qu'avant l'obligation scolaire, la fréquentation des classes n'est pas le point fort des petits landais.

En ville, les enfants travaillent souvent dès 7 ou 8 ans, les parents ayant besoin de leurs maigres salaires. A la campagne, ils participent aux travaux

Dans de nombreuses communes, école et mairie sont dans le même bâtiment ; les municipalités profitant de l'obligation qui leur est faite de construire une école pour aménager en même temps «la maison du peuple». (coll. J.F.R.)

que sont les vendanges, les moissons, car pour la terre, deux bras même petits sont toujours deux bras. De ce fait, en 1889, 20 % des enfants capables d'aller à l'école n'y vont pas alors que 14 % régulièrement inscrits n'y mettent jamais les pieds. Cependant, le nombre des conscrits illettrés passe de 23,2 % en 1885 à 18,1 % dix ans plus tard.

Les filles sont moins assidues que les garçons. D'abord, elles doivent seconder leur mère dans ses travaux ménagers mais surtout, comme elles sont décrétées inférieures, on estime qu'un strict minimum de connaissances leur suffit amplement. Pourtant, lorsque Victor Duruy, ministre de l'Éducation sous Napoléon III en 1867 et président du Conseil Général des Landes en 1869, oblige les communes de plus de 500 habitants à ouvrir une école primaire de filles, un inspecteur d'académie des Landes écrit :

«... L'école retient la jeune fille, elle la fait sortir de ses habitudes jusqu'à présent demi-sauvages d'une existence passée sous les bois. En lui inculquant le respect d'elle-même, dès le premier âge, on arrivera peu à peu à lui faire comprendre que sa place n'est pas, comme cela se voit trop, au milieu des ivrognes, le dimanche au cabaret ou dans des réunions de cette nature... »

Mais faire appliquer la loi Duruy n'est pas chose facile. Trente-six bourgades concernées sont à la traîne en 1869 : Lagrange, Escalans, Parleboscq, Losse, Maurrin, Bélis, Le Sen, Geloux, Saint-Perdon, Saint-Pierre-du-Mont, Arue, Lugaut, Pouydesseaux, Sarbazan, Houtanx, Perquie, Saint-Cricq-Villeneuve, ceci pour l'arrondissement de Mont-de-Marsan, Renung, Sarron Saint-Agnet, Argelos, Gaujacq, Momuy, Peyre, Hauriet, Lahosse, Saint-Aubin, Aurice, Bégaar, Carcen-Ponson dans l'arrondissement de Saint-Sever, et pour celui de Dax : Goos, Préchacq, Saint-Jean-de-Lier, Bélus, Gaas, Misson et Orx.

Encore peut-on considérer que ces villages n'ont pas eu le temps de prendre les dispositions nécessaires pour satisfaire la loi, mais d'autres, plus importantes, n'ont toujours pas suivies les recommandations de la loi Falloux de 1850, faisant obligation aux communes de plus de 800 habitants d'avoir une école de filles. Ce sont en 1881 : Bascons, Saint-Martin-d'Oney, Roquefort, Cachen, Villeneuve-de-Marsan, Saint-Vincent-de-Paul, Saint-Martin-d'Hinx, Saint-Loubouer, Samadet, Baigts, Larrivière, Montaut, Montgaillard et Saint-Sever où il manque une école.

Pour justifier ce retard, les municipalités évoquent des difficultés de tous ordres et surtout, les conséquences financières trop lourdes à supporter alors que le pays subit les catastrophes du mildiou et du phylloxéra, et que l'exode rural se fait sentir.

En fait, il n'y a pas que pour les écoles de filles que les municipalités connaissent des problèmes. En 1883, un rapport de l'Académie note qu'à Orthevielle, l'école est dans le clocher de l'église... « température torride en été, sibérienne en hiver. Le cimetière qui entoure l'église sert de réfectoire, de cour de récréation et de cabinet d'aisance... »

Les enfants de Brassempouy, selon un autre rapport de 1884, ne sont pas mieux lotis : « ... La salle a 4 m de large, 7 m de long, 2 m de haut, soit 56 m^3 pour 28 élèves. Il y a vraiment de quoi s'asphyxier. La pièce n'est éclairée que par deux ouvertures, l'aération est impossible, on y gèle en hiver, on y étouffe en été. De plus, elle est située au premier étage au-dessus de deux petites décharges qui tombent en ruines et l'escalier qui y conduit est en loques... »

Certaines communes ont une école mixte, où les deux sexes ne sont pas mélangés. La salle de classe est alors coupée en deux par une cloison de 1,50 m, permettant au maître de voir tous ses élèves. De même, dans ces écoles la récréation, l'entrée et la sortie des garçons et des filles n'ont pas lieu au même moment, mais à un quart d'heure d'intervalle. Toutefois, à partir de 1882, cette règle est de plus en plus abandonnée, au grand dam des curés qui voient dans cette promiscuité des sexes une atteinte à la plus élémentaire morale, et un relâchement coupable des mœurs.

Cependant, la mauvaise volonté des communes est rarement en cause. Elles font leur possible pour obéir aux lois. Ainsi à Arengosse, une délibération municipale de 1899 parle d'une poutre qui s'est effondrée dans l'école des garçons, datant de 1838. Le conseil demande une subvention de

2 500 F à l'État qui l'accorde, mais ne peut la verser ! L'école des filles ne va pas mieux ; un rapport de l'inspecteur du primaire s'indigne de locaux lamentables...

Toutefois, le progrès aidant, cette même municipalité vote, en 1905, une excursion aux forges de Boucau-Neuf pour les garçons, « considérant que cela leur fera le plus grand bien ». Quatre ans plus tard, elle « accepte l'offre qui lui est faite d'une machine parlante de marque Opéra, et vote la somme de 40 F pour l'achat de disques. Le tout restera déposé à la mairie, à la disposition des instituteurs et des institutrices dans le but de donner aux élèves une idée et peut-être, le goût de la belle musique... »

Pour les tous petits, les salles d'asile et classes maternelles sont peu nombreuses. En 1882, il y en a à Mont-de-Marsan, Aire, Tartas, Dax, Uza, Peyrehorade et Capbreton. Et bien que leur fréquentation soit facultative, elles sont très chargées. 407 garçons et filles sont accueillis en 1890 dans celles d'Uza, Pontonx, La Bastide et Saubusse, soit plus de 100 enfants par classe, qui n'ont que quinze jours de vacances par an, contrairement aux écoles primaires qui, en 1894, ont un mois, du 31 août au 1er octobre, et six semaines dès l'année suivante.

Intérieur d'une salle d'école au début du siècle. (coll. J.F.R.)

L'école de Montfort-en-Chalosse a été construite selon le plan dessiné par les élèves, en particulier Octave Delous, Joseph Vignau (alias Serge Barraux), Émile Roche et François Baco, sous la direction de M. Lacouture, instituteur. Ces élèves deviendront célèbres par la suite, dans divers domaines. (photo J.F.R.)

Les écoles primaires supérieures, dont le but est d'ouvrir aux carrières pour lesquelles l'enseignement secondaire n'est pas nécessaire, existent théoriquement depuis 1833. Dans les Landes, deux fonctionnent pour les garçons, une à Aire depuis 1884, à la demande du sénateur Lourties, une autre à Dax depuis 1886. Pour les filles, il faut attendre 1897 à Dax, lorsque la directrice de l'école normale en permet l'ouverture en annexe de son établissement, et 1904 à Aire. Dans ces écoles à la charge des communes, l'enseignement est très complet, allant de la morale aux langues étrangères, de l'horticulture aux mathématiques en passant par les sciences, le français, le dessin, l'hygiène, la comptabilité, l'agriculture... Cette discipline est d'ailleurs au programme des écoles primaires depuis 1867, quand le gouvernement se préoccupe de diffuser le progrès agricole. Chaque établissement est tenu de posséder un jardin, et si ce n'est pas le cas, celui de l'instituteur fait l'affaire. C'est pourquoi on ne recense en 1892 que 55 jardins couvrant 13 ha, où l'on met en évidence l'action des engrais chimiques, très utilisés dans les Landes.

Les enfants les plus nantis, ceux des villes, fils de notables et de la bourgeoisie, fréquentent le lycée de Mont-de-Marsan, dont la première pierre est posée en 1860.

Victor Duruy, auteur de nombreuses innovations, le choisit pour rôder son enseignement secondaire spécial, destiné à former des cadres pour le commerce et l'industrie, car depuis quelques temps, MM. Darrasse et Bourus y donnent un enseignement où les sciences appliquées tiennent une grande place. Ainsi naît le lycée Impérial qui deviendra par la suite lycée V. Duruy. M. Darrasse en est le proviseur jusqu'en 1882. Très vite, V. Duruy appelle des professeurs issus de l'École Normale Supérieure et l'établissement devient un modèle à suivre pour l'enseignement français.

Les enfants y sont admis dès l'âge de 8 ans. Jusqu'à 11 ans, ils suivent les classes primaires, de 12 à 16 ans, ils entrent en enseignement spécial qui, sanctionné par un diplôme, les conduit au baccalauréat.

Selon le souhait de Victor Duruy, les professeurs donnent, dans une salle de la Préfecture, des cours réservés aux dames et demoiselles, et aident en même temps à l'enseignement adulte. Ce n'est pas un luxe car en 1862, 49,23 % d'entre eux sont illettrés. Certains vont au cours du soir dispensés dans une cinquantaine de communes en 1866, et malgré cela, un an plus tard, sur 5 294 personnes convolant en justes noces, 1 384 maris et 604 épouses seulement savent signer de leur nom.

Les orphelinats et les écoles qui en dépendent sont toujours tenus par des congréganistes. (coll. J.F.R.)

Les congréganistes.

Très importante au XIXe siècle, l'école congréganiste subit les effets de la Séparation de l'Église et de l'État en 1905. Avant cette date, soit en 1844, il y a 403 établissements élémentaires catholiques et 3 supérieurs israélites, où exercent 386 instituteurs laïcs sous la tutelle du clergé, et 200 congréganistes.

En 1870, ils ne sont plus que 114, pour augmenter un peu : 120 en 1885. A cette époque, les congrégations enseignantes sont :

- Les dames Augustines de Sainte-Marie à Capbreton.
- Les dames de la réunion du Sacré-Cœur de Jésus à Dax,
- Les filles de la charité de Saint-Vincent-de-Paul, à Coudures, Dax, Mont-de-Marsan, Peyrehorade, Saint-Vincent-de-Paul, Saubusse et Tartas.
- Les sœurs de Saint André à Bascons, Capbreton, Cauna, Cauneille, Dax, Grenade, Hastingues, Larrivière, Lit et Mixe, Miramont-Sensacq, Montaut, Mont-de-Marsan, Montgaillard, Montsour, Parentis-en-Born et Pouillon.
- La congrégation de la bienheureuse Vierge Marie (sœurs espagnoles) à Ondres.

- Les filles de la Croix à Poyanne, Saint-Laurent-de-Gosse, Saint-Martin-de-Hinx, Saint-Pandelon, Saint-Vincent-de-Tyrosse, Seignosse, Sorde et Soustons.

- Les filles de la Sagesse à Castets et Tarnos.

- Les filles des écoles chrétiennes à Aire-sur-l'Adour, Capbreton, Dax, Grenade, Lontaut, Mont-de-Marsan, Mugron, Saint-Sever, Samadet et Tartas.

- Les frères de l'instruction chrétienne à Villeneuve-de-Marsan.

- La congrégation de Sainte Anne à Lubbon.

- Les servantes de Marie à Arengosse, Baigts, Créon-d'Armagnac, Geaune, Hinx, Laluque, Magesq, Mezos, Saint-Cricq-Chalosse, Saint-Etienne-d'Orthe, Sainte-Marie-de-Gosse, Saint-Martin-de-Seignanx, Saint-Sever, Saint-Vincent-de-Paul, Saint-Yaguen, Saubrigues, Trensacq, le Vignau et Ygos.

- Les sœurs de la doctrine chrétienne à Eugénie-les-Bains, Roquefort, Sabres, Samadet, Sore et Villeneuve-de-Marsan.

- Les sœurs de la Providence au Freche, à Oeyreluy, Renung, Saint-Justin et Saint-Perdon.

- L'Immaculée Conception à Aire-sur-l'Adour, Mont-de-Marsan, Montfort, Mugron, Pontenx-les-Forges, Saint-Sever et Uza.

- Les sœurs de Nevers à Gabarret.

- Les sœurs de Saint Joseph à Lubbon, Maylis et Saint-Justin.

- Les sœurs de la Sainte Enfance à Habas et Renung.

- Les orphelins du Sacré Cœur à Aire-sur-l'Adour, Escource, Labatut, Saint-Sever et Tartas.

Ce sont surtout les filles de familles qui fréquentent ces écoles où est dispensée une éducation propre à former le caractère de la future femme obéissante à son époux et capable de perpétrer l'esprit religieux à ses enfants.Mais on trouve aussi des fillettes plus pauvres, quasiment indigentes, dont les parents, pourtant, payent la scolarité.

La Séparation ruine presque totalement cet enseignement. Les écoles doivent fermer leurs portes si bien qu'en 1906, il n'en reste plus que 13, encore que leurs prêtres et religieuses sont contraints de quitter l'habit pour poursuivre leur métier. De cette manière, les établissements catholiques se comptent désormais parmi les cours et institutions privés. C'est le cas d'une école de formation de servantes créée en 1906 par l'abbé Dudon au Mas d'Aire, dans les mêmes locaux que le petit séminaire, ce qui pose des problèmes quelque peu cocasse de cohabitation. Les jeunes filles suivant cet apprentissage sont connues dans le département sous le diminutif de « dudonnettes ».Qu'elles soient libres ou communales, les classes ont leur règlement affiché en évidence pour que tout le monde le connaisse. Celui des écoles des Landes, pour la période 1887-1913, stipule dans son article 2 :

« Tout enfant dont l'admission est demandée doit présenter à l'instituteur un bulletin de naissance et un certificat médical constatant qu'il a été vacciné ou qu'il a eu la petite vérole, et qu'il n'est atteint d'aucune maladie ou infirmité de nature à nuire à la santé des autres élèves. »

stérile, mais on a fini par reconnaître qu'un arbre peut y croître et le fertiliser : le pin, qui en couvre maintenant une grande partie et dont on récolte la résine.

C'est dans ce pays, plus pauvre encore autrefois, que naquit, d'une humble famille, un enfant qui est devenu par sa charité une des gloires de la France. SAINT VINCENT DE PAUL est né à Dax. Tout enfant, il gardait les troupeaux. Elevé au milieu de la pauvreté et de la misère, il en éprouva plus vivement le désir de la soulager. Il consacra sa vie entière à secourir les infortunés. C'est lui qui a établi en France les hospices pour les enfants abandonnés.

— Oh ! je le connaissais déjà, ce saint-là, dit Julien, et je l'aime depuis longtemps. Je sais qu'il obtint des richesses et dépensa en un hiver trois millions pour nourrir la Lorraine qui mourait de faim. Mais j'avais oublié où il était né, et je suis bien aise de le savoir.

UN BERGER DES LANDES.— On appelle échasses deux perches ou bâtons munis d'une espèce d'étrier ou *fourchon* qui soutient le pied. Elles sont serrées aux jambes par des courroies. Les échasses ne sont pas seulement un jouet d'enfant, les pâtres des Landes et du bas Poitou s'en servent pour marcher dans les marais et dans les sables.

En même temps, Julien regarda dans son livre une image qui représentait un pâtre des Landes suivant les troupeaux sur des échasses ; car il y a de nombreux marécages dans les Landes, et on se sert d'échasses pour ne pas enfoncer dans la vase. Cette image amusa beaucoup Julien.

— Peut-être bien, se disait-il, que saint Vincent de Paul, quand il était petit, gardait comme cela ses troupeaux monté sur des échasses. Je suis sûr à présent de ne plus oublier où est né le bon saint Vincent de Paul.

LXXXVIII. — Lettre de Jean-Joseph. Réponse de Julien. — L'Océan, les vagues, les marées, les tempêtes.

Par les lettres, nous pouvons converser les uns avec les autres malgré la distance qui nous sépare.

La veille du jour où le navire devait partir, André reçut une lettre à laquelle il ne s'attendait guère. Il regarda avec surprise tous les timbres dont la poste l'avait recouverte :

Page 221 du livre de lecture : Le tour de France par deux enfants. *André et Julien arrivent dans les Landes. (coll. J.F.R)*

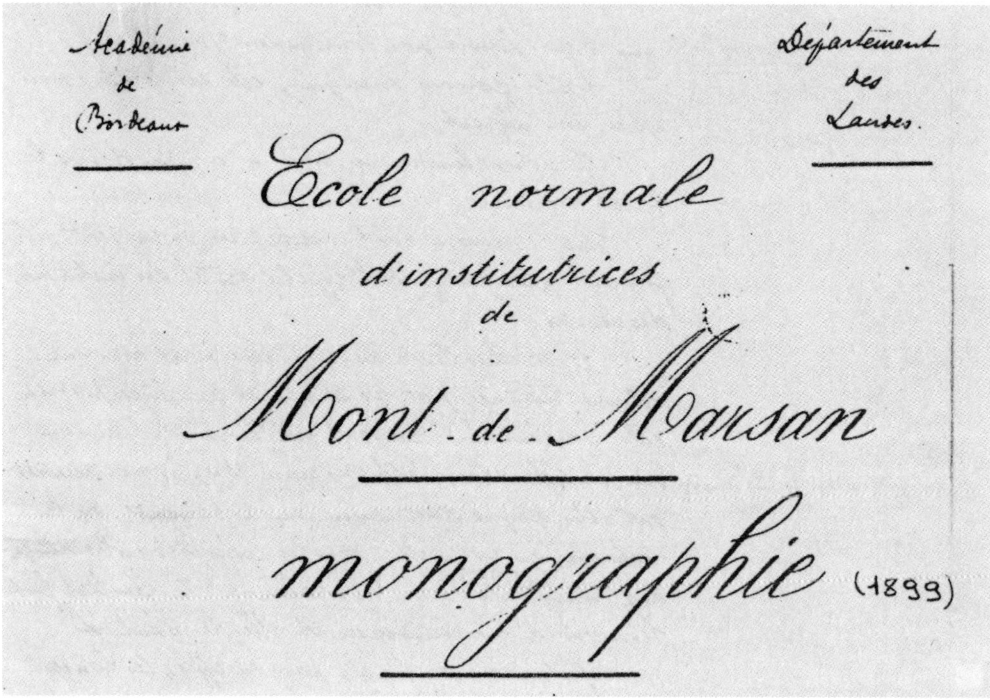

Académie de Bordeaux

Département des Landes.

École normale d'institutrices de Mont-de-Marsan

monographie (1899)

Couverture de la monographie de l'école normale d'institutrices, écrite par sa directrice. (Document A.D.L.)

Et l'article 3 :

« Les enfants se présenteront à l'école dans un état de propreté convenable... Les élèves doivent avoir les pieds chaussés et à moins d'indisposition, rester tête nue toute la durée de la classe. »

Puis l'article 25 :

« Les jours de congés exceptionnel sont : à l'occasion de la fête de Pâques, du jeudi saint au lundi de la Quasimodo, le 1er janvier et les trois jours qui précèdent ou qui suivent le mardi gras et le mercredi des cendres, le lundi de la Pentecôte, le jour de la fête nationale ou le lendemain s'il tombe un jeudi ou un dimanche, le jour des morts et le jour de la fête patronale. »

D'autres articles imposent la propreté des lieux, souvent relayés en cela par des décisions municipales comme celle de Saint-Geours-de-Maremne qui, le 22 novembre 1903, décide que les enfants balayeront la classe à tour de rôle.

Les écoles normales.

Avant de penser à former des élèves studieux, il faut commencer par avoir de bons instituteurs. C'est le sens de la loi Guizot qui, en 1833, instaure l'existence des écoles normales d'instituteurs. Celle de Dax est aussitôt construite.

Par contre, il faut attendre 1889 pour qu'un établissement similaire accueille les filles. Il est bâti à Mont-de-Marsan chemin Saint-Pierre, et fonctionne assez bien dès son ouverture, même si quelques malfaçons dans la construction gênent ses premières années : le corridor d'entrée s'effondre, les salles de bain fonctionnent mal et sont un véritable foyer d'infection, quant au mobilier, fait de meubles pour enfants de dix ans, il doit être rapidement changé !

L'école normale de Dax, située à ses débuts dans un local assez étroit, déménage en 1910 rue Sully. Avant la création des écoles primaires supérieures, une statistique indique que la ville de Peyrehorade fournit le plus gros des effectifs de l'école d'instituteurs. Après la création des écoles primaires supérieures, ce sont Aire et Dax qui envoient le plus grand nombre d'aspirants : 78 sur 141 depuis 1886. Cette statistique note aussi qu'une grande partie des élèves vient de la campagne et qu'en général, beaucoup sont fils d'instituteurs.

L'enseignement est bien sûr très complet, allant de la psychologie à l'horticulture, des mathématiques à la morale que les futurs instituteurs sont tenus de mettre en pratique. Il y a aussi l'éducation physique et le tir, dont la fonction est de préparer le service militaire. Les normaliens dacquois excellent d'ailleurs dans cette discipline puisqu'en 1893, ils sont champions de France de tir des écoles supérieures. Bel et bon entraînement pour ces jeunes gens qui sont tenus de l'enseigner dans leurs écoles communales, comme le demande le gouvernement qui prépare ainsi la Revanche de Sedan ; charge aux

L'Ecole Normale d'institutrice de Mont-de-Marsan où, pour les écoles de filles, se forment le corps enseignant. (coll. J.F.R.)

municipalités d'acheter le matériel, des fusils en bois dit de bataillons scolaires. C'est ce que fait Parentis-en-Born le 12 mai 1889, qui s'en procure 20. Mais cette recommandation n'est pas suivie à la lettre et l'Académie envoie souvent, ça et là, des mots de rappel. Pontenx-les-Forges saisit le message en créant, le 31 mai 1912, une société de tir. Les filles par contre ne pratiquent aucun sport, elles se contentent d'organiser une fête à partir de 1896, et d'éditer leur propre journal : l'*Alouette*.

Malgré les précautions prises tant du point de vue de l'enseignement que du recrutement et de l'hygiène, les maladies sont fréquentes. A plusieurs reprises, des épidémies de typhoïde amènent les directeurs des écoles normales à renvoyer les élèves chez eux (deux sont morts en 1886). D'ailleurs, les primaires sont souvent atteintes par les maladies les plus diverses, comme le signale le maire d'Uza le 19 mars 1894 au sous-préfet de Dax, lorsqu'un cas de varioloïde est décelé, entraînant la fermeture de l'école sur avis médical. C'est pourquoi les « règlements d'écoles » stipulent vigoureusement que les classes doivent être aérées à chaque interruption des cours, quel que soit le temps.

19 Mars 1894

Monsieur le Sous-Préfet Dax

J'ai l'honneur de vous informer que des cas de Varioloïde viennent de se produire sur divers enfants des Écoles des filles d'Uza.

Sur l'avis de Mr. le Médecin Inspecteur M. [redacted] de Mézos, j'ai licencié provisoirement toutes les écoles d'Uza.

Veuillez agréer, Monsieur le Sous-Préfet, l'assurance de ma considération distinguée

P. le Maire d'Uza empêché

[redacted] adjoint délégué

UZA (LANDES) MAIRIE

1re [illegible]

Transmis à la Préfecture.

Dax, le 19 Mars 1894.

Le Sous-Préfet

Courrier de l'adjoint au maire d'Uza, informant le sous-préfet de la fermeture de l'école pour cause d'épidémie. (Document ADL)

L'enseignement se poursuit aussi dans les établissements d'apprentissage : l'école pratique d'Agriculture de Saint-Sever, fondée en 1896 et qui délivre le diplôme recherché de maître-greffeur, à une époque où la vigne souffre, et l'école de commerce d'Aire-sur-Adour, dont les élèves se manifestent par leurs bons résultats sportifs.

Pour les écoles de théologie religieuse, la ville d'Aire est le siège du grand et du petit séminaire, tout au moins pendant la Séparation de l'Église et de l'État votée par la loi de décembre 1905. Loi bienvenue ou loi scélérate, chacun selon sa conscience a tranché, il est cependant vrai qu'elle a changé dans les faits l'existence physique et morale de bien des gens.

L'église

Le clergé landais se singularise, à la fin du XIXe siècle, par la grande érudition de ses membres, pour beaucoup historiens amoureux de leur pays, hommes de lettres et vrais poètes écrivant indifféremment en français et en gascon. Les plus renommés d'entre eux ont laissé des ouvrages qui, aujourd'hui encore, font référence.

Ainsi l'abbé Labeyrie, mort à Cazalis en 1907, fait paraître en 1907 sous le pseudonyme de Youssep Gascoun, le recueil *Grouns d'arrous* (graine de rosée), où il parle de la Chalosse en des termes si beaux qu'on le compare à Mistral.

L'abbé Meyranx, né à Mugron en 1834, est le type parfait du curé de campagne de la fin du XIXe siècle, conscient de l'éminence de son rôle de directeur des âmes. Vicaire à Hagetmau, à Dax, curé de Bénesse, Luglon, il termine son apostolat à Cazères. D'une stricte morale, on raconte que pour empêcher un bal à Bénesse, il frotte les cordes d'un violon avec du lard ! Fabricant d'instruments de musique, menuisier, photographe, écrivain, il écrit quelques monographies de villages et surtout : *Les rois de Lannes au XVe et XVIIe siècles*, où il raconte comment les notaires ont amassés assez d'argent pour construire le château de Castillon, à Arengosse, en 1625.

L'abbé Césaire Daugé, né à Aire-sur-l'Adour en 1858, est peut-être l'un des plus prolixes. Il est l'auteur d'une grammaire gasconne en 1906, d'une tragédie de Sente Quitteyrie en 1898, d'une histoire d'Habas, de Rion des Landes...

L'abbé Gassiat a beaucoup publié dans les deux langues, en particulier un conte gascon considéré comme du meilleur cru : *A count d'ou houèc* en 1897, où les gauloiseries dépassent la mesure. D'ailleurs, l'abbé est mort deux ans après.

Le curé Légé (1824-1895) écrit *L'histoire des établissements d'Aire et du*

5 *NOTRE-DAME-DE-MAYLIS* (*Landes*). — *Le Sanctuaire.*

Comme celui de Buglose, le sanctuaire de Maylis est un lieu de pèlerinage important. En 1892, trois mille agriculteurs y sont réunis pour implorer la protection de la Vierge. Depuis, un pèlerinage a lieu le 3ème dimanche après Pâques. De même, en août, la fête du Lis est une des manifestations religieuses les plus importantes du diocèse. (coll. José Sainz)

Mas, *Les diocèses d'Aire et de Dax ou le département des Landes sous la Révolution* (en deux volumes), *Les Castelnau-Tursan* (deux volumes) et d'autres livres encore.

A ceux-là il faut ajouter les abbés Lapeyre, Gabarra, Pédegert, Labarrière, Gaye, Départ, Foix, Beaurredon, Besselère qui, parallèlement à leur ministère, mènent une vie de recherche et publient de nombreux ouvrages littéraires ou historiques.

Ces pasteurs prêchent pour la plupart en gascon, le français n'étant réservé que pour les grandes occasions, du moins jusqu'aux approches du XXe siècle où la langue nationale s'impose de plus en plus grâce à l'administration, grâce à l'école faite obligatoirement en français, grâce aux journaux et au chemin de fer qui, pénétrant dans les campagnes, accroît les relations et les voyages. Mais le gascon a la vie dure et les curés de village, pour bien se faire comprendre de leur auditoire, utilisent volontiers ce patois, même après 1900, quand il est méprisé par les autorités tant locales que françaises. L'abbé Labeyrie prêche plusieurs fois en gascon en 1907 et avant lui, l'abbé Pédegert vers 1880 à Sabres et à Castelnau-Tursan, s'est rendu célèbre par ses discours gascons, en particulier lorsqu'il fait le panégyrique de Notre-Dame de Buglose, lieu saint suscitant de grands pèlerinages populaires.

La chapelle de Buglose, située près du berceau natal de Saint Vincent de Paul (1576-1660), possède une histoire remontant à 1620, année où une statue de la Vierge est trouvée dans les marais du village (la légende raconte qu'à cette époque, un bouvier s'est enlisé dans les marais avec son attelage). Y a-t-elle été cachée lors des guerres de Religion ? La question de son origine est encore en suspens. Toujours est-il que cette découverte, reconnue comme un signe du ciel, est de suite l'objet d'une grande dévotion de la part des fidèles qui affluent pour la prier, d'autant que certains témoignent de ses miracles.

L'abbé Labarrière, dans son *Histoire de Notre-Dame de Buglose* et *Souvenirs du berceau de Saint-Vincent-de-Paul*, parue en 1857, écrit que le «21 du mois de mai 1623, Bernard Ducassou, de la paroisse d'Onard, vient à Buglose accompagné de Catherine Bouding sa mère, d'Adrien de Laporte son curé et d'autres personnes recommandables. Interrogé par M. De Lalanne, commissaire-député pour la vérification des miracles de Notre-Dame de Buglose, il raconte que depuis trois mois il a la jambe gauche percée de sept ulcères purulents et horribles, d'où il tire de temps en temps des fragments d'os, et que ne pouvant trouver d'adoucissement à son mal auprès des chirurgiens, il a fait vœu, conjointement avec sa mère, de venir à Notre-Dame de Buglose.

... Que le 16 mai 1623, il entreprend ce voyage monté sur un âne parce qu'il lui est impossible de marcher, et qu'en route, en présence de plusieurs personnes, il a retiré une esquille de sa jambe par le trou d'un grand ulcère... Qu'arrivé à Buglose, il a passé la nuit en prière, que le lendemain il s'est lavé à la fontaine et qu'aussitôt, les ulcères se sont fermés, ne laissant que des cicatrices et que depuis, il ne souffre plus de sa jambe. « Cette guérison instantanée arrache ce cri à sa mère : " Miracle ! ", et porte les assistants à bénir Dieu.

Durant son long épiscopat - 1877-1905 - Mgr Delannoy, évêque d'Aire et de Dax, s'attache à embellir la basilique de Buglose, malgré de grosses difficultés matérielles et financières qu'adoucit la générosité des diocésiens. Il installe le carillon, inventé par le père Maisonnave au sujet duquel le missionnaire Darrigade dit, lors de sa bénédiction le 8 septembre 1895, « qu'il est comme la voix de Marie parlant au peuple et comme la voix du peuple parlant à Marie ».

Mgr Delannoy, qui obtient du Pape en 1878 que Notre-Dame de Buglose soit patronne du diocèse, est enterré dans la basilique, dans un tombeau œuvre du sculpteur d'Astanières.

Son successeur, Eugène Touzet (1842-1911) est nommé par le pape Pie X le 25 février 1906. Il est l'évêque des inventaires tumultueux et des sordides expulsions, conséquences de la loi de la Séparation de l'Église et de l'État de décembre 1905. Un seul député landais, M. Jumel, a voté pour, les autres : Théodore Denis, Constant Dulau, Félix Léglise et le général Jacquey s'y sont opposés.

Ici comme ailleurs, la passation des biens religieux dans l'escarcelle publique ne se fait pas sans douleur. A Aire, l'huissier chargé de l'inventaire du grand séminaire, reçoit un seau d'eau en pleine figure. Le journal local écrit le lendemain : les séminaristes, n'ayant pu sauver la situation, l'avaient noyée.

Ils quittent quand même les lieux et s'installent au château de Poyanne en décembre 1906, là où Mgr Touzet mourra cinq ans plus tard, victime d'une chute dans l'escalier. Le petit séminaire aussi quitte ses superbes bâtiments construits en 1754 par Mgr Sarret de Gaujac, et se réfugie dans l'ancien pensionnat de Sainte Ursule, sur la colline de Mas. L'évêque lui-même est jeté à la rue sans aucun ménagement la veille de Noël. Il se replit à Saint-Sever qu'il ne quitte plus. L'abbé Lahargou, directeur du collège libre de Saint-Paul-les-Dax, affronte lui aussi les problèmes de la Séparation qui l'obligent à céder son établissement à la ville de Dax. En 1912, en moins d'un an, il fait construire une nouvelle école qui prend le nom de Notre Dame du Sacré-Cœur. Lors de l'inventaire de Roquefort, une dame Lapios, charcutière, enferme les fonctionnaires dans la sacristie, ce qui lui vaut un procès-verbal.

L'abbé Bordes, jeune curé de Fargues de 1908 à 1912, a la lourde tâche de reconquérir une paroisse privée de desservant et d'offices religieux depuis deux ans, « punition » infligée par le diocèse, tant ses curés ont été victime de violence et de mauvais traitements lors de la Séparation.

La loi de décembre 1905 n'entérine pas un simple changement de propriétaires d'édifices publics. Elle est la conséquence de nombreuses mutations et décisions intervenues depuis 1880 environ, lorsqu'à la suite des

Le tombeau de Mgr Delannoy qui fit beaucoup pour la renommée de Buglose. Le monument est l'oeuvre de M. d'Astanières, ancien militaire parisien devenu sculpteur de réputation mondiale, et qui s'est installé dans les Landes. (coll. J.F.R.)

Tableau qui, dans la basilique de Buglose, rappelle la découverte de Notre-Dame. (coll. J.F.R.)

La maison natale de saint Vincent de Paul, près de Dax, telle qu'elle était au début du siècle. A proximité est un chêne plusieurs fois centenaire. (coll. José Sainz)

diverses lois l'école devient, deux ans plus tard, laïque. Dès ce moment, les rapports entre les instituteurs et les curés se dégradent largement, le bon peuple en faisant les frais, comme d'habitude. Dans les communes où il existe des écoles publiques et des écoles privées, surtout pour les filles, les malentendus sont plus que fréquents. A Pouillon par exemple, le curé refuse le droit de faire leur première communion aux fillettes de l'école laïque, prétextant qu'elles ne savent pas assez le catéchisme. A Cagnotte, l'abbé agit de même envers les filles de l'école mixte.

A Saint-Sever, on dénonce les frères congréganistes à la police, les accusant de corriger trop sévèrement les fesses de leurs élèves, mais on dénonce aussi le facteur de Doazit qui envoie son enfant à l'école libre.

La déclaration de la guerre de 1914 apaise les esprits, la plupart des antagonistes se retrouvant côte à côte dans les tranchées du Nord. Mais la Séparation restera longtemps une plaie dans le cœur de la France, fille aînée de l'Église ne l'oublions pas.

Fin XIXe, début du XXe siècle, le clergé possède dans ses rangs un grand nombre de prêtres érudits, non seulement dans leur domaine de prédilection mais aussi dans les arts en général, et dans la littérature en particulier. Ce sont des hommes passionnés par leur pays qu'ils vivent de l'intérieur, peut-être à l'inverse des « célébrités » de l'époque qui, investissant Capbreton, louent surtout la beauté du site.

Côte d'Argent, côte des arts

Le début du siècle correspond à la prise de possession par les artistes et littérateurs d'Hossegor, dont ils font le Saint-Tropez de l'époque.

En 1905, Maurice Martin, journaliste bordelais qui donne le départ de la première course cycliste Bordeaux-Paris, écrit de la côte landaise : « Sur ces deux cents vingt-huit kilomètres de plage, la vague éternelle, tantôt calme, tantôt courroucée, vient déposer sa frange argentée au pied des dunes immaculées. » De ce lyrisme verbal est née la Côte d'Argent.

L'époque semble propice à l'écriture, car outre les romanciers proches d'Hossegor, il y a quantité d'auteurs plus ou moins régionalistes, et dont le point commun est l'amour profond de leur pays. Gérard Batdebat, Isidore Salles, le chanoine Coureau, Raymond de Laborde et Serge Barranx, né à Montfort-en-Chalosse en 1867. Il débute dans le journalisme à 24 ans en fondant à Dax, l'*Écho littéraire de Gascogne*, où signent Isidore Salles, Grassiat, Albert Darclanne, Louis Labat, Larribeau, Despax, Arthur Poydenot lequel écrit entre autres une comédie, *Polichinelle en Europe*, jouée en 1900 au théâtre des Arts de Bordeaux. Mais la revue de Barranx est de courte durée. Quant à l'homme, il écrit beaucoup : *Harassoune, Miettes de vie*, un volume sur les contemporains landais... Cependant que la majeure partie de son œuvre se situe après la grande guerre.

Il y a encore Odette Dulac, née à Aire-sur-l'Adour le 14 juillet 1865, qui abandonne le métier de comédienne pour se lancer dans le roman à partir de 1904. Ses livres au ton maternel s'adressent à un public féminin : *Le silence des femmes, Leçons d'amour à l'usage des jeunes filles de France*... Yan du Gouf, instituteur, Lescaret, Dufournet, qui fait paraître *Les landes et les landais*, Joseph de Lapoterie, un notaire duquel il reste une *Noce paysanne* datée de 1885, *Traditions en Chalosse* et *Vieilles coutumes en Chalosse*, de

Quelques pêcheurs travaillent dans leurs barques alors que les enfants se baignent les pieds sur la plage que fréquentent les artistes français. (coll. José Sainz)

capbreton-sur-mer

par Mathias-Morhardt

COMMENT nous avons fait la découverte de Capbreton-sur-Mer ? Voici ! C'était au cours de l'été de 1893, il y a trente-six ans. Nous venions de Dax, où nous passions nos vacances chez mon oncle, Adrien Gassanné, ancien adjoint au maire de cette ville, et qui fut l'initiateur des vastes projets d'agrandissement que M. Eugène Milliès-Lacroix a entrepris de réaliser avec une si belle et si confiante énergie.

Joseph Dupuy, qui devait être plus tard attaché au cabinet de Jules Legrand, au ministère de l'Intérieur, puis de M. Decrais, ministre des Colonies dans le grand ministère de Waldeck-Rousseau, nous avait invité à passer quarante-huit heures dans sa charmante résidence de l'Ermitage. Ce fut un enchantement ! La mer, qui avait été fort agitée dans la nuit, avait laissé au sein d'une flaque d'eau, près de l'Estacade, un essaim de 200 à 300 sardines. Nous n'eûmes que la peine de les recueillir. Quel régal ! Il nous apparut que Capbreton était quelque chose comme le pays de Canaan. Nous allâmes naturellement à Hossegor. Joseph Dupuy y avait, au bord du lac, une maisonnette, d'où le fidèle Julien Navère surveillait les parcs d'huitres. L'atmosphère était d'une clarté merveilleuse. On respirait avec ivresse un air frais et léger tout imprégné du parfum des pins. Et dès l'année suivante nous revenions demander le repos, loin des agitations parisiennes, à cette station encore inconnue que fréquentaient seuls les cultivateurs des villages voisins et quelques rares familles dacquoises.

Où aurait-on logé une colonie estivale ? Il n'y avait sur la plage que cinq ou six villas et la très modeste hôtellerie en planches de l'inoubliable Marie Lacroix.

Nous nous occupâmes avec nos amis Raymond de Broutelles.

Mme Caroline de Broutelles est la directrice de la *Mode pratique*, et son mari est l'éminent sculpteur, peintre et graveur qui fit bâtir, plus tard, la villa aujourd'hui occupée sur le Canal d'Hossegor par les bureaux de la Société Immobilière, la villa des Arbousiers. L'établissement de bains n'était pas ouvert. Le sable, d'ailleurs, en obstruait l'entrée. Mais comme nous étions seuls, la chose importait peu.

Puis ce fut notre amie, Mme J.-H. Rosny-jeune, sœur de Mme Caroline de Broutelles, qui s'installait à son tour à Hossegor afin d'y rétablir la santé de sa fille. Et ainsi fut fondée cette double colonie de Capbreton-sur-Mer-Hossegor, aujourd'hui la plus illustre et la plus florissante des stations landaises et dont le développement fait l'admiration des visiteurs, chaque année plus nombreux, qui viennent y goûter le triple bienfait du soleil, de la forêt et de la mer.

MATHIAS MORHARDT.

*Comment Mathias Morhardt découvre Capbreton, et lance la station avec d'autres, au début du siècle. (extrait d'*Hossegor 1929*)*

Maurice Martin, journaliste bordelais, habitué d'Hossegor qui, le premier, qualifie la côte landaise de Côte d'Argent. (coll. J.F.R.)

1890. Quant à Gabriel Dufau, né en 1888, il fonde avant la guerre l'école de Léon, avec Delbousquet et Labèque. A cette époque, un autre mouvement littéraire voit le jour à Dax autour de Labeyrie, Darclanne, Samanos, Lavigne, Dusséqué, pourvoyeurs de romans illustrés paraissant dans la *Dacquoise*. A Peyrehorade, vers 1890, un groupe formé de Martin Etcheverry, Bachacou, A. Laborde, Chaubet-Lavigne et quelques autres, se fait connaître par ses vers et par sa prose gasconne. Bien d'autres aussi ont vu le jour.

Avec Félix Arnaudin, l'un des plus célèbres auteurs landais, est sans conteste Jean Rameau, né à Gaas en 1858. Il écrit une série de recueils de

Le lac d'Hossegor, peint par Suzanne Labatut, artiste née dans les Landes en 1888. Ce lac salé se trouva soudainement, un jour de 1865, relié à la mer. Un canal de 1 km fixe cette évolution et apporte l'eau de l'océan dans cette réserve d'eau douce. (coll. J.F.R.)

Les habitants de Saint-Sever apprécient la promenade de Marlanne. (coll. J.F.R.)

Odette Dulac, actrice puis écrivain d'une moralité charmante, écrit Je sais tout, *dans son N° du 15 janvier 1911. (coll. Maïté Dubedout)*

poèmes : poèmes fantastiques, *la Vie et la Mort, la Chanson des Etats*... Et une cinquantaine de romans dont la plupart ont la Gascogne pour cadre : *Moune* (1890), *La chevelure de Madeleine* (1894), *Amour d'Annette* (1892), *Mademoiselle Azur* (1893)...

Jean Rameau perd l'un de ses fils pendant la Grande Guerre et, rencontrant Clémenceau à ce sujet, le Tigre lui dit : vous êtes un marchand d'idéal.

A ces écrivains il convient d'ajouter les hommes de lettres de l'Église, curés historiens, conteurs et chercheurs, pour la plupart membres de la société de Borda, au nom d'une célèbre famille de scientifiques landais. Créée en 1876, elle rassemble l'élite intellectuelle de département : archéologues, archivistes, enseignants, littérateurs et savants.

Mugron, ville natale du célèbre dessinateur Léon Fauret. (coll. J.F.R.)

Chez les sculpteurs, Charles Despiau et Robert Wlérick nés à Mont-de-Marsan, l'un en 1874, l'autre en 1882, ont la particularité de s'être faits connaître à Paris par deux petites sculptures. Le buste de *Paulette*, pour Despiau, au Salon des Indépendants en 1907, et *La Petite Landaise* pour Wlérick. Les deux artistes qui connaissent gloire et célébrité après la guerre de 14-18 ont l'un et l'autre été remarqué par Rodin, admiratif de leur travail. Moins connue est la carrière de Clément d'Astanières, ancien militaire parisien installé à Capbreton en 1901. Ses œuvres sont à la basilique de Buglose, à l'église Saint Nicolas et à la bibliothèque de Capbreton, de même que dans quelques pays d'Europe.

Jean Ducom, sculpteur de la façade de l'Hôtel de ville de Mont-de-Marsan et de plusieurs églises, Jean-Henri Tayan, né en 1855, décore le café *Le Divan* à Mont-de-Marsan alors qu'il n'a que 22 ans. Son travail le mène à l'hôtel Daraignez à Mont-de-Marsan, à la mairie de Vert, et aux églises de Pissos, Cazères, Moliets... après s'être fait remarquer à Paris.

Léon Fauret, né à Mugron le 25 décembre 1863, s'est surtout imposé comme dessinateur de l'*Illustration*, de *Je sais tout*, de *London News*... Alors que les frères Gélibert sont les peintres animaliers d'Hossegor où règne Chabas et ses pinceaux.

Les Landes donnent aussi des actrices de théâtre : Louise Bailly, née en 1869 à Peyrehorade et Cora Lapercerie, née à Morcenx le 9 novembre 1875, qui doit sa carrière au grand Coquelin, dont elle épouse le fils.

La célèbre voyante Fraya, pythonisse des rois, des princes et des présidents, a vu le jour le 20 mai 1871 à Villeneuve-de-Marsan.

Enfin Francis Planté (1837-1934), pianiste dont l'immense notoriété lui fait rencontrer les compositeurs tels que Rossini, Wagner, Litz, Gounod... Reste toujours fidèle à Saint-Avril. Il en est le maire de 1892 à 1913 où chacun sait que ce grand chasseur est aussi un homme de grande générosité.

Et en cette fin de siècle où les découvertes sont plus innombrables les unes que les autres, Ferdinand Bernède, photographe à Arjuzanx, édite les premières cartes postales folkloriques connues. Il a tiré environ deux cents clichés dont les plus célèbres ont été pris entre 1895 et 1905. Pour figer pour l'éternité les scènes de la vie d'antan, F. Bernède a arpenté la lande à bicyclette, comme Félix Arnaudin l'a fait quelques années plus tôt, lui qui tira plus de 2 500 plaques de verre.

Hossegor, Capbreton, cités balnéaires de prédilection mises au goût du jour par les artistes de l'époque, sont les villes où l'on prend des bains de mer. Les plages se développent, le touriste afflue, on y vient en vacances comme on se rend aussi à Mimizan, Vieux-Boucau, Vieille-Saint-Girons... La Côte d'Argent, pleine de ressources, créé un nouveau type de loisir que les riches et les bourgeois landais pratiquent avec bonheur. Mais il y en a de plus profond, de plus populaire aussi.

L'un des décors de cirque, créé par le peintre-forain de Mugron : Laurent Meyranx. (doc. Musée de la Chalosse)

Du théâtre aux arènes

Bien sûr, il y a les cabarets où les chanteuses d'occasion arrondissent leur cachet en aguichant les hommes, mais il y a aussi des joies plus familiales. Les cirques, par exemple, aussi nombreux que les saints du calendrier, passent et repassent dans le département. Celui du grand Rancy, conscient de sa valeur, s'arrête à Mont-de-Marsan du 3 au 5 octobre 1910, précédé de cette mise en garde :

« M. Alphonse Rancy, directeur-propriétaire, nous prie d'informer les Montois de ne pas confondre son cirque qui a toujours été le premier du genre sous tous les rapports, avec tous ceux qui sont passés à ce jour... »

Il est bon de remettre les choses à leur vraie place lorsqu'on s'appelle Rancy et qu'on programme des lions marins et phoques, uniques au monde, Baghonghi, nain écuyer mesurant 60 cm et pesant 18 kg, les clowns Titi et Toto, Henry Waldorff qui porte dix hommes sur sa tête, et le clou du spectacle présenté par Alphonse Rancy lui-même : un manège de 8 superbes pur-sang arabes !

Les petites troupes et convois de moindre importance n'en prennent pas ombrage, puisque de toutes façons eux aussi sont les meilleurs, ce dont profite la Chalosse en 1895 où Paul Jot, artiste lyrique, et son compagnon Jean Loubet, se montrent le 24 avril à Hagetmau, en provenance de Mont-de-Marsan avant de se rendre à Mugron. Manuel Téjon, chanteur ambulant, suit le même itinéraire le 14 juin. Le cirque Adolphe Guéry, qui emploie 11 adultes et 7 enfants, s'arrête lui aussi à Hagetmau du 23 au 25 octobre avant de rejoindre Grenade où celui de Marcello de Saint-Honorats s'est produit le 10 juillet. Pour sa part, la ménagerie Pezon s'installe à Dax, à la fin de l'année 1900.

Il y a aussi des artistes de foires, lutteurs, montreurs d'ours ou magiciens locaux, restés dans les mémoires grâce à leurs dons exceptionnels.

Le kiosque de Pépinière à Mont-de-Marsan, où les jeudis et dimanches après-midi, la musique militaire donne un concert. (coll. J.F.R.)

Francis Donan, dit Francillon (1828-1889), est doué d'une force herculéenne comme la plupart des garçons de sa famille. Pendant son service militaire, alors qu'il se trouve dans un état d'ébriété plus qu'avancé, il rosse à mort un sergent qui lui fait une réflexion. Condamné à être fusillé, cet ancien tailleur de pierre réussit à s'évader de la prison et, repris, il voit sa peine commuée en travaux forcés. Amnistié après quelques années, il revient dans les Landes et reprend son ancien métier, où sa force et ses démêlées avec la maréchaussée le rendent célèbre.

A Mugron, il déplace un énorme char de foin obstruant accidentellement la porte d'une auberge, à Dax il arrête net un taureau, le renverse et l'immobilise. Il lutte et bat le célèbre Dumortier, athlète réputé imbattable, dont une fois devant Napoléon III à Biarritz, ce qui lui vaut un grand triomphe. A Mont-de-Marsan, en 1862, il met plusieurs fois à terre un ours blanc... Ces exploits si nombreux lui ouvrent toutes grandes les portes de la légende gasconne, mais cet homme généreux et dévoué envers ses semblables abuse beaucoup de la dive bouteille qui le conduit pernicieusement à l'hôpital de Dax où il meurt.

Un autre artiste réalise des performances peu banales pour le cirque. Il s'agit de Laurent Meyranx, de Mugron, qui dès 1904 se fait connaître en tant que peintre-forain. Il créé, dessine et peint des grandes toiles de fond de chapiteau, des plaques de tôle démontables pour les façades de cirque, de ménagerie. Certaines dépassent 20 m de long et 10 de haut. Il y a fort à parier que Laurent Meyranx est allé voir, le 6 octobre 1905, le cirque Buffalo Bill qui, pour une seule journée à Mont-de-Marsan, immortalise une fois encore la bataille de Little Big Horn.

Plus familiales aussi les fanfares au sein desquelles les pères et les fils jouent parfois côte à côte, et qui sont toujours présidées par un notable du coin. La Lyre d'Habas est officiellement créée en 1901 par Albert Destribats, la Fanfare de Pomarez la devance en 1894 à l'initiative de Vincent Labeyrie, tailleur de son état. La Société de Musique de Mimizan née en 1881, se plaint quatre ans plus tard de ne pas avoir « un vrai chef ». Mais en 1909, M. Laval, président de la fanfare, remercie la municipalité pour sa subvention de 150 F qui a permis de jouer au concours de Bayonne, générosité augmentée à 400 F l'année suivante, quand la fanfare ramène de Mont-de-Marsan objets d'art et médailles couronnant ses mérites.

Quant à l'orphéon de l'Union Montoise, dirigé par J. Duprat, il obtient son titre de gloire en remportant le concours international de Montluçon (Allier) en 1910.

Ces fanfares rythment les fêtes et les cérémonies, les visites officielles et les inaugurations, elles participent aux foires, aux fêtes patronales... Le Républicain Landais de juillet 1891 relate, à propos de la fête Nationale :

« Le canon tonne sec et dur dès le point du jour à Saint-Sever pour réveiller les endormis. A 9 h, tirs et jeux divers, dans l'après-midi courses landaises peu dangereuses. Concert avec la musique municipale et illuminations magnifiques dont celles du Cercle National et surtout de la sous-préfecture.

A Dax, le 14 juillet est une réussite. Drapeaux flottants au vent à toutes les fenêtres. Jeux sur l'Adour le matin devant une foule nombreuse, courses l'après-midi où les taureaux furent plein d'ardeur. Soir, musique municipale toujours en progrès.

A Mont-de-Marsan, passage en revue sur la place du Lycée des pompiers qui remettent le drapeau au capitaine Tassino à 9 h 1/2, jeux sur la Midouze, rien de plus pittoresque et plus coloré que ce spectacle. Soir, illumination à la Préfecture, au lycée, à l'Hôtel de ville et au théâtre. Partout des ballons, des lanternes vénitiennes, des lampes électriques et un superbe feu d'artifice. »

L'harmonie des écoles laïques, la musique militaire et celle des Pompiers sont aussi à l'honneur.

Depuis 1891, la musique du 34e régiment d'infanterie donne un concert de 3 h à 4 h au jardin de la Pépinière, les dimanche et jeudi, alors qu'au 14 juillet 1900, elle se partage les applaudissements des montois avec celle des sapeurs-pompiers.

La fanfare de Mimizan, en 1912. Elle est, à cette époque, dirigée par M. Gramontin. (doc. extrait du bulletin municipal de Mimizan)

La fanfare de Pomarez en 1905. (Anonyme)

Il existe aussi les bandas ou orchestres de rues, toujours présents pour animer un moment particulier, mettre l'ambiance avant les courses landaises ou accompagner les groupes comme le relate le *Journal des Landes* du 11 mai 1900 : « Les garçons boulangers ont fêté leur patron, Saint Honoré, selon la coutume. Ils se sont rendus, en corps, chez leurs patrons et leur ont remis à chacun un bouquet en guise de solidarité et de solides liens d'amitié qui existent dans la corporation.

Précédé de l'orchestre dirigé par M. Bubez, le cortège a parcouru en voiture les principaux quartiers de la ville, donnant la sérénade aux patrons. »

Et lorsqu'il n'y a pas de fanfare, un ou deux musiciens du village, comme les Marbeaux d'Arjuzanx, animent le bal que les danseurs cadencent au « truc de l'escop » (claquement de sabot). Dans les campagnes, on fredonne des airs populaires : la maou maridade (la mal mariée), tandis qu'à Mont-de-Marsan on danse tout l'hiver la polka et la scotish dans la salle du restaurant de Bel-Air.

Théâtre

Mont-de-Marsan

Concert. — L'Orchestre Symphonique Montois offrira aujourd'hui dimanche au théâtre de Mont-de-Marsàn, un concert à ses Membres honoraires.

La composition du programme que nous publions ci-déssous permet d'affirmer que la soirée sera réellement intéressante. Notre Société musicale fait des sacrifices pour bien faire : espèrons que la population montoise saura les apprécier.

PROGRAMME — 1re Partie :

1. *Blue-Bell,* marche (E. Morse) Orchestre. 2. Çavatine de *Mireille* (Gounod) chantée par M. Th. Arrath. — 3. *Tourterelle,* polka pour petite flûte (E. Damaré) soliste M. Doucet. — 4. Air d'*Hérodiade* (Massenet) chanté par Mlle Nella. — 5. M. Ahetz-Etcheber, dans son répertoire. — 6. *Mimi Pinson,* mazurka de concert, Orchestre.

2e Partie. — 1. Ouverture de la *Dame Blanche* (Boïeldieu) Orchestre. — 2. *Je n'ose* (Tagliafico) chanté par M. Arrath. — 3. *Concerto* pour violon, par M. Luigini. — 4. Air de *Lakmé* (Léo Delibes) chanté par Mlle Nella. — 5. M. Ahetz-Etcheber, dans son répertoire. — 6. *Marche Joyeuse* (Gracey) Orchestre.

Le prix des places est fixé ainsi qu'il suit : Premières, 2 fr. ; Parterres, 1 fr. ; Secondes, 0 fr. 50.

La location sera ouverte au public le Samedi 15, chez M. Clerc, libraire.

Entrefilet paru dans les Landes sportives *en 1910. (Coll. J.F.R.)*

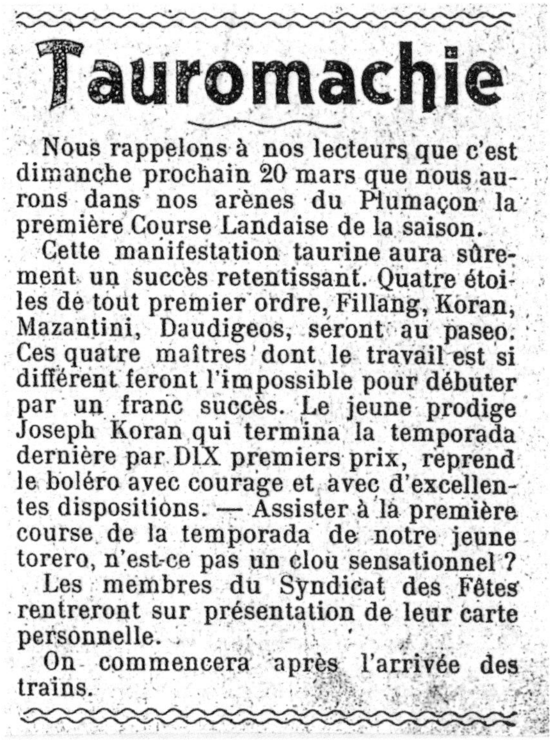

Tauromachie

Nous rappelons à nos lecteurs que c'est dimanche prochain 20 mars que nous aurons dans nos arènes du Plumaçon la première Course Landaise de la saison.

Cette manifestation taurine aura sûrement un succès retentissant. Quatre étoiles de tout premier ordre, Fillang, Koran, Mazantini, Daudigeos, seront au paseo. Ces quatre maîtres dont le travail est si différent feront l'impossible pour débuter par un franc succès. Le jeune prodige Joseph Koran qui termina la temporada dernière par DIX premiers prix, reprend le boléro avec courage et avec d'excellentes dispositions. — Assister à la première course de la temporada de notre jeune torero, n'est-ce pas un clou sensationnel ?

Les membres du Syndicat des Fêtes rentreront sur présentation de leur carte personnelle.

On commencera après l'arrivée des trains.

Article des Landes sportives *de 1909, annonçant la reprise de la saison. (coll. Pierre Beyria)*

Le théâtre tient une place de choix dans les loisirs tant à la ville qu'à la campagne, où le théâtre rural de naguère cède sa place aux associations et patronages. A cette époque, chaque village, chaque quartier ou presque, a monté une société, souvent sportive, mais possédant presque toujours une section musicale et théâtrale. Et quand ce n'est pas le cas, footballeurs, vélocipédistes et autres gymnastes endossent le rôle le temps d'une soirée. Les écoles font de même ou invitent, pour une grande occasion, des vedettes locales. Pouillon, pour la fête du Sou des écoles en 1891, propose un concert avec Mlle Darmaillacq, des Folies Dacquoises. En 1909, l'Union jeunesse mimizanaise se produit à Saint-Julien-en-Born.

A Mont-de-Marsan, le théâtre présente régulièrement les concerts de l'orchestre symphonique montois, des pièces avec artistes renommés comme Mme Maria Favart, de la Comédie Française, en 1891, qui joue *La joie fait peur*, ou d'autres moins célèbres comme cette affiche du 12 mars 1900 proposant *Mlle Cilot ou les gaietés du bataillon*, où un certain Charly's fait ses grands débuts.

On lit dans le *Républicain Landais* du 6 janvier 1891 :

« Je serai très obligé à M. Le directeur de vouloir faire paraître l'entrefilet suivant dans le numéro d'aujourd'hui :

Pour répondre aux réclamations d'une partie des clients du café Divan, je viens d'engager les frères Milton's, clowns excentriques, originaux, diaboliques, qui feront leurs débuts ce soir samedi.

J'ose espérer que l'intelligent et bon public de Mont-de-Marsan voudra comme toujours récompenser les sacrifices que je fais pour rendre plus intéressant les concerts du café Divan.

Signé : J. Gnone, directeur. »

L'établissement est bien connu. Un jeune peintre local, Jean-Henri Tayan, l'a décoré en 1877 avant de connaître une certaine gloire à Paris et de revenir au bord de la Midouze. Lieu populaire et mondain proposant des spectacles de café-concert, on y applaudit en 1905 Maletto, vedette des Bouffes Parisiens.

Place Saint-Roch, M. Salzado tient une salle très active puisque le 20 février 1911, elle présente l'*Abbé Constantin*, *Mam'zelle Nitouche*, opérette en quatre actes, et la *Péricole* d'Offenbach.

En avril de la même année, le théâtre Nabos s'installe pour un mois place Pijorin à Roquefort où il donne une série de spectacles allant du drame à la comédie en passant par les opérettes très en vogue. Quant au théâtre de Dax, il monte une pièce intitulée *Le député de Soubignac*, largement vantée par la presse catholique qui écrit : « Enfin du bon théâtre ».

C'est le temps où le cinématographe pointe le bout de son écran. L'invention va connaître un engouement extraordinaire, forçant le Préfet à prendre un arrêté interdisant de montrer des scènes contraires à la morale. Place Saint-Roch, le cinéma ambulant n'en propose pas de telles.

Les loisirs, à la fin du XIXe et au début du XXe siècle, incluent la plupart des sports pratiqués à l'époque dans un état d'esprit plus souvent amical que compétitif. Il n'est pas rare de voir naître quasi spontanément une associationdont le seul but est de vaincre, en un match de football-rugby, les gens du village d'à côté ou du quartier voisin. Plus d'une fois ces équipes font appel à des éléments étrangers pour être complètes. En ces temps-là, le sport n'est pas encore parfaitement structuré.

La course landaise.

La discipline reine est bien évidemment la course landaise dont l'origine remonte au moins au XVe siècle, et qui trouve son assise définitive au XIXe siècle. Ce jeu consiste à descendre dans l'arène, d'y provoquer une vache, la femelle du taureau de combat, mais surtout d'éviter ses attaques avec art et adresse par l'écart et le saut. Les courses landaises font tant partie de la vie même du département qu'il n'est pas de fête locale ou d'association sportive qui ne la programme.

La course landaise, discipline reine des sports du département. (coll. José Sainz)

Le 17 avril 1910, le vélo-club aturin et la fanfare locale en organisent une. Le 22 mai de la même année à Roquefort, à l'occasion du comice agricole, les arènes de Pijorin sont pleines à craquer pour voir le bétail des frères Passicos et leur cuadrilla (équipe) formée de Koran, Picard, Maxime, Lalanne et Rambaud. La société des Pêcheurs à la ligne de Mont-de-Marsan en propose une aux arènes de Plumaçon (construites en 1889), quand cette société, présidée par M. Lebrun, organise le congrès annuel des pêcheurs et des pisciculteurs du Sud Ouest les 9 et 10 avril 1910.

Et bien sûr, les acteurs des arènes acquièrent une énorme popularité auprès des spectateurs vibrant au rythme de leurs exploits : Chicoy (ou Tchicoy) est le premier écarteur célèbre. Né à Coudures, de son vrai nom Bernard Lalanne, il apprend à écarter à une époque où l'homme se mesure aux bœufs, vaches et taureaux, puisque les vaches landaises sélectionnées n'existent pas encore. Sa petite taille lui permet de mettre au point des séries de feintes qui lui donnent une extraordinaire notoriété. Le journal l'Illustration le représente, en 1853, tenant sa fille de trois ans dans ses bras et s'apprêtant à écarter.

Barthélemy Davérat (1855-1890), fils d'agriculteur adepte de l'école buissonnière, est attiré par la gloire des frères Darracq, maîtres de l'esquive. Il entre alors en course landaise comme on entre en religion où ses dons d'écarteur et de sauteur font son immense renommée, en particulier lors d'une course à San Sébastian en 1877, quand il saute sans élan et à pieds joints par dessus un taureau. Cela lui vaut une gloire internationale. Partout on se l'arrache littéralement, certains de ses contrats atteignant la fabuleuse somme de 1 000 F or, qu'il gaspille dans une vie mondaine et dissolue. Lors d'une course au Bouscat, un coup de corne l'oblige à cesser toute activité. Peu de temps après il meurt de la grippe. Il est enterré dans son boléro d'or que lui a offert la reine d'Espagne. Le sculpteur Cel-Gaucher lui élève, en 1947, une statue à Laurède.

Marin, pseudonyme de Joseph Malfait, est un homme à la vie mouvementée. Mousse à 16 ans sur le *Jean Bart*, il échappe à un naufrage sur les côtes espagnoles. Rentré à pied en France, il découvre la course landaise à 17 ans et sa carrière va durer 30 ans, de 1882 à 1912. Sa célébrité atteint la France entière, l'Algérie, l'Italie, l'Espagne. Souplesse, courage, volonté de plaire, coup d'œil infaillible sont les termes les plus souvent employés à son sujet. Cependant, cet homme d'une humanité exemplaire, qui a sauvé des écarteurs en difficulté face aux vaches, qui a tiré des gens de la noyade ou des incendies, meurt dans la misère de Bègles peu après la Grande Guerre.

Jean Fillang succède à Marin dans le cœur des aficionados, entre 1905 et 1915. Il n'abandonne l'animal qu'après épuisement total de celui-ci. La fin de sa carrière voit naître une grande rivalité avec Joseph Koran, l'un des rois incontesté de l'arène dès 1909. Pour lui, une course est organisée à Paris où il reçoit une véritable ovation, les critiques ne tarissant pas d'éloge à son égard.

Un tel sport, dominant entre tous, se doit de posséder son propre journal. C'est fait le 19 mars 1905 quand paraît le premier numéro de *La course landaise*, surnommé « la tuile » à cause de sa couleur brique. Joseph Pindat, imprimeur à Mont-de-Marsan, en est le directeur jusqu'en 1910. Son successeur, Jean de Lahourtique, juge de paix d'Amou puis d'Hagetmau, et maire de Mant en 1912, est appelé l'apôtre de la course landaise. Quant au rédacteur en chef, il est l'un de ses fondateurs célèbre sous le surnom de Clic-Clac. Sous ce pseudonyme se cache le docteur Moringlane, passionné de courses landaises dont il publie l'histoire depuis ses origines. Fondateur de la société de secours mutuels des toréadors landais en 1906, c'est en son honneur que le chef de la fanfare de Mont-de-Marsan, F. Tassine, compose la Cazérienne, puisque Clic-Clac est médecin dans ce village.

La tauromachie, ou course à l'espagnole, diffère de la course landaise par la mise à mort de l'animal. Les hommes politiques de la fin du XIXe siècle, jugeant ce spectacle trop barbare, approuvent la loi Grammont qui l'interdit purement et simplement.

Ce n'est pas du goût des aficionados qui, au nom de la tradition (et Dieu sait si la tradition est importante dans les Landes), passent outre en organisant, le 14 octobre 1894 à Dax, une épreuve que le maire Raphaël Milliès-Lacroix ne peut annuler, tant la pression populaire est forte. Pour ne pas appliquer la loi dans sa propre ville, il est immédiatement révoqué par le Ministre de l'Intérieur, ce qui ne change rien à la décision des organisateurs qui maintiennent la course, se plaçant délibérément hors la loi.

Les autorités demandent alors à la police de dresser un procès-verbal constatant le flagrant délit. Pour ce faire, le commissaire doit descendre dans l'arène en présence des acteurs : le taureau et le toréador, ce jour-là Félix Robert.

Le policier, probablement peu rassuré par cette mission pas ordinaire, pénètre sur le sable sans fermer la porte derrière lui, ce dont profite le taureau qui s'enfuit dans les rues de Dax, au grand affolement des passants.

Félix Robert, conscient du danger que le taureau en liberté peut générer au milieu de la population, part à sa recherche malgré les injonctions du commissaire qu'il abandonne aux sifflets de la foule. Il rattrape l'animal près de la Fontaine Chaude, le travaille à la muleta et lui donne un coup d'épée fatal, comme s'il était dans l'arène.

Symbolisant la victoire des aficionados sur la décision parlementaire, le 10 octobre 1894 reste célèbre dans les mémoires. Raphaël Milliès-Lacroix retrouve aisément son poste de maire, quant à Félix Robert il tire de ce « sauvetage » une gloire encore plus grande, lui qui à cette époque est déjà le plus célèbre toréador landais, adulé en France, en Espagne et en Amérique du sud où il devient, en 1904, directeur des arènes mexicaines de Ciudad Juarez.

Typiques aux Landes ou du moins circonscris au Sud-Ouest atlantique, les jeux de quille ou rampeau ont une origine très lointaine. Populaires entre tous, des concours se déroulent dans tous les villages et quartiers. Dax par exemple compte 22 quillers en 1908.

Programme des Travaux & Fêtes

Samedi 9 Avril

9 heures du matin. OUVERTURE DU CONGRÈS.

2 h. 1/2 du soir.... DEUXIÈME SÉANCE.

9 heures du soir.... PUNCH OFFERT AUX DÉLÉGUÉS par la SOCIÉTÉ de MONT-DE-MARSAN.

Dimanche 10 Avril

9 heures du matin. SÉANCE DE CLÔTURE DU CONGRÈS
ELECTION DU BUREAU DE LA FÉDÉRATION.

3 heures du soir.. GRANDE COURSE LANDAISE aux Arènes du Plumaçon (Troupeau de M. Passicos).

6 heures 3/4..... BANQUET OFFERT AUX DÉLÉGUÉS OFFICIELS par la SOCIÉTÉ de MONT-DE-MARSAN
(HOTEL RICHELIEU)

NOTA. — Les Sociétaires montois ou étrangers pourront se faire inscrire à ce Banquet, moyennant une cotisation de Quatre francs, avec inscription avant le 3 avril, terme de rigueur.

Les souscriptions seront reçues chez MM. Amédée Lesbazeilles, Café du Commerce et Joseph Durou, 5, avenue de Bayonne.

9 heures du soir
CONCERT donné par l'ORCHESTRE SYMPHONIQUE
au Jardin de la Pépinière.

Programme du congrès des pêcheurs et pisciculteurs du Sud-Ouest. La course landaise y est une animation incontournable. (coll. J.F.R.)

Type d'affiche du début du siècle. (coll. P. Beyria)

Les courses de Toros, ou courses à l'espagnole, ont causé les événements du 10 octobre 1894. (coll. José Sainz)

L'Union Jeunesse Mimizanaise possède en 1906 une belle équipe formée de Martinon, Dubern et Dugrand, dont les succès ne se comptent plus.

On peut dire la même chose de la pelote basque dont l'ancêtre est la pilota, jeu grec introduit par les Romains, qui a d'abord donné la paume. Les Basques, grands amateurs de paume, en changent un peu les règles et la pratiquent non pas face à face mais côte à côte devant un mur appelé fronton. Ce sport, qui prend le nom de pelote basque, s'impose et remplace définitivement la paume en 1840.

La pelote se joue en plein air au fronton ou sous couvert, dans des halles nommés trinquets. Celui de Mimizan possède une charpente métallique de toute beauté, œuvre de Gustave Eiffel.

Bon nombre de villages de la Chalosse et de la Grande Lande ont leur fronton, dont Amou qui inaugure le sien le 23 octobre 1910 avec l'équipe de l'Union sportive dacquoise, championne des Landes.

Le rugby que l'on connaît s'appelle dans les années 1880-1914, le football-rugby. Il fleurit dans les villes et les bourgs en même temps que le vélocipède et le football-association, aujourd'hui football tout court.

Le 5 mars 1905, La *Nouvelle Chalosse* publie le communiqué suivant:

« Il est fondé à Saint-Sever une société de sports athlétiques sous le nom de Sports athlétiques saint-sevérin, subdivisée en trois sections: football, vélocipèdes et jeux divers. Cette société est la continuatrice, sur des bases plus élargies, du vélo-club saint-sevérin, fondé en 1893. Elle a pour but d'entretenir et de développer, parmi ses membres, le goût des exercices du corps par la pratique des jeux athlétiques. »

Sous la signature de président Edgar Darbo, champion cycliste local, les statuts sont enregistrés le 14 mars 1905 à la sous-préfecture. A ses côtés siègent notamment Roger Clavé, vice-président, Camille Villenave, secrétaire, et Pierre Serres, trésorier. M. Le maire est président d'honneur.

Le premier match de ce nouveau club, disputé sur le champ du Barrat, est un large succès pour Saint-Sever, qui bat Vielle 21 à 6. Selon le journal, « les alentours du terrain regorgeaient à ce point de monde que la clôture de fil de fer a été forcée et que le champ a été envahi par le public... »

La guerre envoie les jeunes joueurs sur le front, en 1916 d'autres prennent la relève dont un certain Crabos, célébrissime international qui deviendra président de la Fédération Nationale.

Le 7 novembre 1909 paraît le premier numéro des *Landes sportives*, journal hebdomadaire qui dure jusqu'à la veille de la seconde guerre mondiale. Pour ce qui concerne le rugby, il rend compte de matches disputés par Hagetmau, le Stade Montois, l'union sportive pontenaise, l'union sportive dacquoise (créée en 1904), l'union sportive de Soustons, les Sangliers de Roquefort (fondés en 1907) et le sporting club aturin.

Les courses espagnoles imposent la mise à mort de l'animal, contrairement aux courses landaises où l'esquive est le seul but. (coll. J.F.R.)

Edit. A. Cazenave
66. DAX Fronton de Cuyès - Une Partie de Pelote

C'est au fronton de Cuyès que l'Union Sportive dacquoise a conquis ses titres de gloire. (coll. José Sainz)

Plus tard apparaissent le stade tossais (1910), la société sportive de Labouheyre, le sporting club amollais, l'Étoile sportive léonaise, le sporting club mezossais, Boucau stade, l'union sportive d'Habas... Sociétés en général multi-disciplines comme Saint-Paul sports, créé en juin 1910, et qui pratique le football-rugby, le vélo, l'escrime.

Quelques individualités se dégagent déjà, comme Maurice Boyau, arrivé à Saint-Paul-les-Dax à 19 ans en 1907. Sportif complet, onze fois international de rugby et capitaine de l'équipe de France, il meurt le 16 septembre 1918 aux commandes de son avion, après avoir, pendant la guerre, abattu 43 aéroplanes ennemis.

Le football-association se pratique, au début du siècle, par les patronages qui, en 1910 notamment, organisent un championnat sous l'égide de l'Union gymnastique et sportive des patronages des Landes. Y participent : la Joyeuse de Saint-Vidou, les Bons gars d'Armagnac, l'Étoile sportive de Lucbardez, les Dahlias de Saint-Martin-d'Oney, les Genêts d'or de Haut-Mauco et les

La première équipe de rugby en Chalosse : celle du sport Athlétique Saint Séverin, fondée en 1905. (doc. Musée de la Chalosse)

Équipe d'Athlétisme du 34e d'Infanterie

Champion de France 1912 et 1913

Pinsolle Lavalette · Dupart · Lesca

Castanet Labat Lieutenant Estrade (') Dedieu Baulat Dubroca

Laurent Mat Banos

L'équipe du 34ème régiment d'infanterie de Mont-de-Marsan championne de France militaire. (coll. P. Beyria)

Écureuils de Campet. D'autres clubs comme l'Entente sportive montoise, emmenée par son valeureux capitaine-fondateur Calvet, jouent d'autres épreuves.

On relève aussi les noms des Jeunes de Roquefort, fondés en 1909 et du Stade Ygossais, appelé parfois racing-club d'Ygos. Toutes ces équipes formées de jeunes pour qui le sport est une manière de se retrouver, de voir autre chose, ne s'entraînent pas, ou bien très rarement. En effet, la plupart de leurs membres ne sont disponibles que le jour du match, passant le reste du temps dans la forêt à résiner, dans les champs, dans les usines ou à l'école, à une époque où le repos hebdomadaire n'est pas une règle généralisée. La veille de la rencontre, quelques joueurs en même temps arbitres, secrétaires et trésoriers du club, se réunissent autour d'un verre de vin, et décident de la tactique à employer selon l'adversaire. Le lendemain, selon que l'équipe évolue chez elle ou à l'extérieur, elle se déplace à vélo ou en train s'il y a une gare toute proche.

Inventé pour être un moyen de locomotion, le vélocipède devient tout de suite un instrument d'expression sportive. Très vite, les bicyclistes se regroupent pour pratiquer excursions et courses, si bien que les clubs poussent comme des cèpes dans les sous-bois après l'ondée.

Outre le vélo-club saint sevérin créé en 1893, dont Darbo fait les beaux jours, le vélo-club aturin se montre actif. Le 17 octobre 1909, il organise une course suivie par le sénateur Lourties, président d'honneur du club. Duvignau, d'Aire et Castets, de Tartas, terminent troisième et quatrième.

L'union vélocipédique montoise fondée en 1905 a son siège social au café de la Renaissance. Elle est dirigée par Maurice Bernhard, J. Lauqué et Fernand Arrou, ces derniers secrétaire et trésorier. Les cotisations sont de 1 F pour le droit d'entrée, plus 0,50 cts par mois. L'Union jeunesse mimizanaise possède sa section cycliste avec les Callède, Brouste, Duvignac...

Les courses assez nombreuses dans le département sont ouvertes aussi bien aux amateurs qu'aux professionnels, la frontière entre les deux catégories étant à l'époque difficile à cerner.

Fin novembre 1909, une épreuve de 43 km est organisée à Mugron. Dès le départ donné aux accents de la Marseillaise, jouée par la fanfare locale, les coursiers roulent vite, tandis que la voiture de M. Friès veille à la sécurité. La victoire revient à Lacaste, un professionnel de Mont-de-Marsan qui couvre la distance en 1 h 24'. Le 20 février 1910, la course Dax-Ponthonx et retour est gagnée par Tournier, de Soustons, devant Viaux de Dax. Une épreuve disputée sur le vélodrome de Dax est remportée par le professionnel Perchicot le 3 avril 1910.

Cependant, le cycliste professionnel le plus célèbre de l'époque est le tarusate Dortignac que les parisiens surnomment « la Gazelle ». En 1910, il remporte une étape du tour d'Italie et participe au Tour de France sous la marque transalpine Legnano, où l'un de ses équipiers est le célèbre Petitbreton. La fatalité accable le Landais qui abandonne le Tour avant de traverser ses terres.

Le vélocipède qui permet aux coursiers de s'exprimer, est avant tout un moyen de locomotion très populaire. Sur ce document pris à Labrit, les quatre hommes à bicyclette portent chacun un pain sous le bras. (coll. J.F.R.)

L'incident profite à Roquebert, d'Ychoux, engagé dans la catégorie des isolés, ce qui démontre le courage des sportifs de l'époque ! Même les femmes s'y mettent, témoin l'exploit de Mme Charles Terront, épouse du grand champion cycliste qui, le 30 juin 1885, bat sur la route de Saint-Sever à Bayonne le record des 100km dame, à 10km/h de moyenne.

L'engouement pour le vélocipède participe largement à la vague de construction de vélodromes, dont chaque ville importante se dote : Dax, Mont-de-Marsan ou bien Aire-sur-l'Adour ont le leur qui, régulièrement, propose des courses où se rend en masse un public aussi bien bourgeois que populaire.

La gymnastique est partout présente, en particulier à l'école. Toutes les sociétés sportives à quelques rares exceptions près ont une section de gymnastique, ce sport étant, avec le tir, fortement encouragé par les élus de la IIIe République qui voient en lui une excellente formation physique des futurs soldats.

L'athlétisme se pratique régulièrement dans plusieurs clubs dont le Club athlétique de Morcenx, créé le 25 janvier 1905. Un championnat a lieu tous les ans, organisé par l'Union gymnastique et sportive des patronages landais. En 1910, l'Entente sportive montoise gagne toutes les épreuves sauf le lancer de poids, remporté par Mallet, des Genêts d'or de Haut-Mauco avec un jet de 9,05 m. André Lacaze pour sa part est vainqueur du saut à la perche avec un bond de 2,55 m battant Hordillère (2,10 m) de la Vaillante de Cagnotte. Il remporte aussi le 800 m, le 110 m haies en 20'2/5 et termine second du saut en hauteur avec élan (1,55 m) derrière Puyo (1,58 m), lui aussi de l'Entente sportive.

Les sports militaires sont regroupés au sein du Stade militaire, mis sur pied par le chef de bataillon Massy. En 1910, le stade est présidé par Bernard Daraignez, directeur des services chirurgicaux des Landes et maire de Mont-de-Marsan en 1912. Outre l'athlétisme, ce club prépare au brevet d'aptitude militaire et d'éducation physique en organisant un grand nombre d'épreuves. En 1912, l'équipe du 34e bataillon d'infanterie est championne de France militaire.

Quant aux sports scolaires, ils se pratiquent sérieusement dans les grandes écoles qui possèdent chacune une équipe. Ce sont les Boutons d'or au lycée de Mont-de-Marsan, les Dominos à l'école Saint-Louis d'Aire, les Abeilles étudiants club à l'école de commerce d'Aire pour ne citer que ces équipes-là, qui se rencontrent le plus souvent en matches de football-rugby. Enfin il y a l'école normale des garçons de Dax, qui remporte le championnat de France de tir des écoles supérieures.

Les courses de chevaux, comme l'escrime, sont suivis de longue date par la bourgeoisie et la haute société, souvent propriétaires de chevaux. La société d'encouragement de Mont-de-Marsan, fondée en 1849, organise régulièrement des épreuves de prestige où les élégantes font admirer leurs dernières toilettes à la mode de Paris, et où il est de bon ton de se montrer.

Tout comme l'automobile, l'aviation naissante peine à s'installer dans le département, il est vrai peu riche. Il faut attendre 1912 pour que le Dr Louis Branère, maire de Pontonx, créé un aérodrome dans sa ville. Jusqu'en 1916, on y passe le brevet de pilotage sur le parcours Pau-Pontonx-Pau, avec atterrissage et contrôle à Pontonx. Les grands aviateurs de l'époque : Guyemer, Nungesser, Coli, Pic de la Mirandole, ont, d'une manière ou d'une autre, connu le terrain de Pontonx.

Certains sports comme la pelote basque, les courses de taureaux ou le jeu de quille trouvent leurs pratiques dans des origines lointaines. Ces exercices, les plus profondément landais, font partie du patrimoine local, au même titre que les usages, les croyances et les superstitions. Si certains d'entre eux se retrouvent dans plusieurs provinces, faisant si l'on peut dire partie de la mémoire de l'homme, d'autres sont bien particuliers à la terre landaise.

Coutumes et légendes

La lande profonde vit au rythme des coutumes marquant chaque geste, chaque moment. Dans ce pays où les hommes conversent avec les animaux et connaissent les pouvoirs des éléments, il n'est pas question de passer outre les usages dont le bien fondé et la justesse se sont avérés depuis des temps immémoriaux.

Chacun connaît l'efficacité du petit Pater au lever et au coucher, de même qu'en se lavant les mains. Personne n'oublie de dire le bénédicité en mangeant un fruit nouveau, ni de tracer une croix avec la pointe de son couteau sur le pain avant de l'entamer.

Dans les champs, une prière et le signe de croix devancent le premier coup de faucille des moissons, alors que pour une belle cueillette de cèpes on répète : Cèt, cèttoun, hem trouba lou parioum (Champignon, petit champignon, fais-moi au moins trouver tes semblables).

Le samedi saint, un brin de laurier béni est posé non seulement dans la maison, mais aussi dans les champs et les dépendances.

Les curés bénissent les récoltes et le bétail, psalmodient des prières contre la grêle, l'orage et même les sorcières, en invoquant les saints protecteurs lors de fêtes religieuses rurales avec procession.

La Saint-Jean est d'ailleurs la fête parmi les fêtes, où les herbes, feuilles et plantes médicinales augmentent leurs vertus si elles sont cueillies ce jour-là. La rosée de la Saint-Jean guérit des maladies de peau et on n'oubliera pas, avant l'aurore, de faire passer bœufs, vaches et moutons dans cette rosée. La nuit du feu de la Saint-Jean, des croix tressées avec des herbes et passées à la flamme, préservent bêtes et gens des mauvais sorts.

De même, chacun retire un tison du feu et va l'éteindre dans la source la plus proche. Un fragment de ce bois brûlé jeté dans l'âtre pendant l'orage, préserve la maison de la foudre.

Il n'y a pas que la Saint-Jean qui soit porteuse de superstitions, toutes les fêtes religieuses le sont, les autres aussi d'ailleurs. Ainsi au carnaval, une part du repas attend le Petit Jésus près d'un lumignon. Le soir de Noël en Chalosse, on allume un feu fait de ronces et de branchages.

Dans cette contrée, le roi Artus est un chat huant dont les cris sinistres annoncent le malheur et souvent la mort. Est-ce pour cela que les enterrements sont accompagnés de pleureuses bruyantes ? Ici aussi, on arrête la pendule à l'heure de la mort et la veuve, en grand manteau noir, n'apparaît au repas offert aux invités qu'au moment des prières. Les proches voisins aident à ce repas en donnant une poule alors que le cercueil est porté par les premiers voisins. A Rion-des-Landes, on place une pièce de monnaie dans la main du mort pour qu'il se paye du vin sur la route du Paradis.

Dans un autre registre, en Chalosse, il n'est pas rare de voir un mendiant de passage devenir le parrain d'un nouveau-né issu d'une famille misérable où la mortalité infantile est forte. De même, visible sur tout le département, le mai, tronc de pin ébranché, enrubanné et planté la nuit devant la maison d'un notable qui, en retour de cet honneur, paie un repas.

Quand survient la maladie, le paysan consulte le rebouteur, aussi bien pour lui que pour son bétail, mais s'il perd sa récolte, il s'en prend à la lune, même s'il a omis de retourner la hitte (la pierre) pour faire pleuvoir. Il ne dédaigne pas non plus les médecines de bonnes femmes conseillant les simples et autres remèdes empiriques comme porter une ficelle à la ceinture pour éviter les sciatiques.

Si le mal est plus grave, quelques malveillantes gens lui ont jeté un sort, l'épouvantable *maoù dat*, que seuls les bons sorciers savent contrer. Certaines familles possèdent ces dons immenses qui, depuis des générations, soulagent ou font peur, c'est pourquoi les landaises bouchent les trous des serrures avec du fenouil, on ne sait jamais. Les sorciers sont peut-être de mèche avec les hardes, ces petits lutins de la Chalosse dont on ne sait s'ils sont bons ou mauvais !

Le village de Bascons semble être une souche propice à l'éclosion des sorciers, puisque l'abbé Daugé, au XIXe siècle, en recense trente-trois dignes de ce nom, auxquels il ajoute... vingt-sept loups-garous !

Cependant, la plus grande menace qui peut accabler un homme est de lui promettre une messe à Sen Sécari (Saint Sacari), c'est pratiquement le vouer à une mort prochaine, car ce saint a l'étrange pouvoir de faire sécher comme une bûche jusqu'à la Saint Jean prochaine celui qui est l'objet de cette promesse. L'antidote la plus efficace connue est une contre-messe au dit saint. C'est l'autre qui sèche !

Les fontaines, consacrées ou non, servent d'abord à fournir de l'eau. (coll. José Sainz)

Pour se préserver de ces horribles malheurs, il est donc nécessaire d'être en ordre et de vivre dans les règles éprouvées par les anciens. La première consiste à faire bénir une maison neuve par le curé, principe élémentaire sans doute oublié par ce propriétaire de Souprosse qui, en 1886, supporte à heures fixes des bruits étranges, des coups frappés à la porte, des pas traînant dans le grenier et autres manifestations peu rassurantes, mais qui cessent dès que la maison est bénie.

Les enfants doivent être sages sinon, gare au Bécut, cet ogre à l'œil unique, aussi bête que méchant. Ils savent aussi, ces enfants, qu'il ne faut pas traîner la nuit dans la lande, la cambe crude peut fort bien leur mordre les mollets, surtout ceux des jeunes filles.

Heureusement qu'il existe, dans quelques coins de la nature, des êtres bienfaisants pour l'humanité landaise, les blanquettes par exemple, ces petites fées qui dansent au clair de lune près des ruisseaux du Bas-Armagnac et surtout lou Mandago, personnage fabuleux qui donne la fortune. Si un homme ne peut justifier la provenance de quelques billets, c'est sûrement un coup du Mandago !

Les marins aussi ont leurs peurs. S'ils voient de la mer le clocher de Mimizan, c'est signe quasi infaillible de naufrage, d'où cette requête au Créateur : que Dieu nous préserve du chant de la sirène, de la queue de la baleine et du clocher de Mimizan.

Plus cruel est ce dicton landais : *Bernat aou céou né n'y ba nat, que né sye tort ou escanat* (nul Bernard ne va au ciel, qu'il ne soit tort ou étranglé). Ici les Bernard passent pour des enfants agités et un peu niais, c'est pourquoi le prénom y est rare.

Quant aux légendes, elles courent, elles courent, plus terrifiantes les unes que les autres, autour de lou Boum, monstre marin du lac de Léon, ou autour du triou noir de Labrit.

Si la vie est guidée par la coutume et quelques brins de superstition, elle est aussi rythmée par les chansons, plus spécialement à la campagne où elles accompagnent les gestes et les saisons.

Tout en fait est sujet à la chanson : les moissons en Chalosse, la marche du bouvier piquant ses bœufs de l'aiguillon, et même le changement de métayers le 1er novembre.

Il y a les chansons de noces, plus vives en Chalosse que dans la Grande Lande, accompagnées ou non d'un instrument, et celles qui servent de ralliement. Vincent Montant, résinier à Castets-des-Landes, crée vers 1885 une chanson louant le travail de la gemme. Elle connaît un énorme succès et sera reprise par les résiniers en captivité, lors de la seconde guerre mondiale.

Beaucoup de chansons et de contes ont été sauvés de l'oubli grâce à l'énorme collecte de Félix Arnaudin (1844-1921), natif de Labouheyre, grand arpenteur de la Lande, rassembleur de folklore et photographe figeant sur ses plaques de verres les gestes des paysans d'autrefois. Il a fait paraître plusieurs livres : *Les contes de la Grande Lande* (1887), *Les choses de la Grande Lande* (1914), et quelques autres où il recueille les détails de l'histoire locale. Autodidacte, solitaire, enterrant ses chiens dans un petit cimetière, il a donné le témoignage d'un monde voué à disparaître, celui de la mutation des Landes pendant la plantation de la forêt.

Les contes de la Lande sont moraux, bien pensants, où le bien triomphe toujours du mal, où le landais finit par vivre heureux et longtemps, contrairement à la réalité. En Chalosse, les contes sont gais car la vie est moins rude. Les grivoiseries pointent le nez en Chalosse dont les collines sont, paraît-il, la boue des souliers de Gargantua. Ici les fées taquines tressent la nuit la crinière des chevaux et les filles de roi trouvent le mari idéal. On se raconte ces histoires de générations en générations le soir à la veillée, lors de la despourguère, le dépouillage du maïs, à la lueur fumeuse d'une chandelle.

Les soirées d'hiver offrent un charme tout particulier. Vieillards et mamans racontent aux enfants émerveillés les légendes datant de tous les temps et de partout, mettant en scène poules, renards, lions et autres personnages comme le bécut, géant gascon peu fin, et le diable, invariable dindon de la farce. Ainsi se forme l'esprit de l'enfant, au milieu des réjouissances d'adultes.

En dehors de cela, il y a les interminables histoires de maris trompés, battus, mortifiés, dominés par leurs épouses. C'est une manière de rire de tel ou tel, selon la mode landaise, très gentiment moqueuse.

Plus cruels, les charivaris ou asouades organisés par les habitants d'un quartier, d'un village, sont des défilés dans les rues où l'on se moque ouvertement de l'inconduite ou de l'infortune d'un voisin, représenté juché à l'envers sur un âne. Le Républicain Landais se fait l'écho de deux asouades en 1891, une à Ugrons pour un mari giflé par sa femme dans une auberge, une autre à Philontenx pour un cordonnier abandonné par sa femme partie « chauffer la soupe d'un gagne-petit ».

La croyance populaire est exacerbée par les fontaines et sources pleines de générosités pour l'homme, qu'elles désaltèrent et soignent. De là à penser qu'il y a miracle ou tout au moins force bénéfique, il n'y a qu'un pas que la sagesse et la coutume franchissent allègrement.

Les fontaines consacrées, à défaut d'être miraculeuses, sont florès dans le département, où il est vrai qu'elles ont une bonne action sur la santé. Normal dit la science qui les étudie, elles sont ferrugineuses, sulfureuses... Oui mais au siècle dernier, le peuple landais ne se soucie pas de la composition de l'eau et « on peut le regarder comme un juge compétent, puisqu'il ne constate que le bien ou le mal qu'il en retire ».

Ainsi, boire l'eau de la fontaine Sainte Anne, à Belhade, donne du lait aux nourrices. La source Sainte-Ruffine, à Biganon, guérit certaines maladies de peau, comme Saint Yves à Moustey, Saint Jean à Suzan, Sainte Rose à Samadet et Saint Jean à Onesse.

Sainte Magdelaine à Sindères est recommandée pour les intestins et les verrues. Au Vieux-Richet, Saint Jean-Baptiste soulage les rhumatismes comme Saint Clair à Ygos, Saint Eutrope à Trensacq. Saint-Yaguen à Saint-Yaguen soigne les maux de tête, les fièvres et les coliques comme Notre Dame des Sept Douleurs à Garosse, Saint Girons à Suzan et la source de Yons à Lit-et-Mixe. D'autres font marcher les enfants comme celle de Langue à Pissos (une des rares à ne pas être dédiée à un saint), et l'une des trois fontaines Saint Clair d'Ygos.

257 fontaines et sources bienfaisantes sont recensées dans le département auxquelles il faut ajouter quelques statues ou Christ guérisseurs, dont celui d'Arjuzanx qui soigne certaines croûtes. L'huile de Saint-Louis, gardée à l'église de Bascons, guérit pour sa part les maux de dents. Toutes ces fontaines adoucissent ou suppriment principalement les maux de ventre, les maladies de peau, font marcher les enfants et ont une belle influence sur les maux de tête. La commune de Villenave possède elle aussi sa fontaine, dédiée à Sainte Quitterie, patronne du village. On dit ici que des personnes ont vraiment été guéries par son eau, on dit aussi qu'elle est totalement inefficace.

Villenave : un village de la Haute-Landes.

Que se passe-t-il aux alentours de 1900 à Villenave, bourgade de la Haute-Lande, anonyme parmi les anonymes ?

L'époque a beau être au progrès, à l'amélioration de l'habitat, à l'accès au savoir par tous par la scolarité obligatoire, il y a des tâches auxquelles municipalité et bureau de bienfaisance sont obligés de faire face. Car la vie va moins vite que les découvertes. Cependant la IIIe République, novatrice s'il en est, pousse les communes à un plus grand investissement dans de nombreux domaines, celui de l'hygiène et de l'entraide par exemple. A cet effet, le bureau de bienfaisance a du pain sur la planche.

Placé sous la présidence du maire, M. Grue aîné, il est composé à partir de 1885 de Dominique Pomiès, Etienne Badet et du curé Capdevieille (ce prêtre meurt d'une façon non élucidée, en recevant une poutre sur la tête lors de la construction de la nouvelle église ; ce desservant passait tous les jours sur le chantier pour le faire activer, au grand mécontentement des ouvriers, selon la légende qui couve à Villenave). Son devoir essentiel est de secourir les miséreux, à l'époque quelques vieillards, une enfant infirme incurable, une mendiante, des vigneronnes, cultivatrices et ménagères, veuves ou célibataires mères de famille aux trop maigres ressources.

Au gré de ses réunions, on relève que le 4 janvier 1885, il alloue une somme de 25 F à une veuve du village en résidence à l'hospice de Mont-de-Marsan qui doit subir une opération à un œil. La même année, il décide que pour le 14 juillet, décrété fête nationale en 1880, 50 F seront distribués aux pauvres.

Et des pauvres, indigents en situation critique, Villenave en compte un certain nombre. Il y en a 20 recensés en 1889, année où le bureau demande par courrier du 7 mars à la sous-préfecture de Saint-Sever à laquelle est encore rattachée la commune, un crédit supplémentaire pour subvenir à tous les besoins. Trois ans plus tard, le bureau secourt 12 personnes qui se partagent 170 F. La même somme est versée en 1893 à 10 pauvres, à 17 en 1895, 19 en 1896 et 21 en 1899. Ces 170 F sont prélevés en général sur le capital de la commune placé à la Caisse du Trésor.

Une autre fonction du bureau, plus agréable, est de désigner la rosière, jeune fille méritante et vertueuse tant du point de vue civique que religieux. Pour l'année 1881, quatre candidates sont en lice : Anne Dupiau, Marie Dubis, Anne Duboscq et Jeanne Labarsouque. Il faut croire que leurs vertus sont égales car le bureau, ne pouvant pencher pour l'une plus que pour les autres, les désigne toutes les quatre. Elles se partagent les 75 F prévus en récompense. De même, il aide les jeunes mariées pauvres, en leur versant 100 F. Trois sont concernées de 1908 à 1911.

La grande affaire de la fin du siècle à Villenave semble être la construction d'une église neuve. C'est du moins ce que révèlent les délibérations municipales à partir de 1892, année où Ambroise Claverie succède à M. Grué à la mairie. Le chantier est adjugé le 4 septembre 1893 à l'entreprise Bonnemaison de Tartas, qui présente un devis de 31.050,07 F toutes réductions incluses. Il faudra voter bien des crédits supplémentaires pour que l'église soit terminée !

Au fil des conseils municipaux.

3 décembre 1893. Le conseil municipal décide de vendre 5 500 pins d'éclaircissement dès la campagne de résine terminée, et d'affecter le produit de la vente à la construction de la nouvelle église.

Il décide aussi que les pins communaux seront résinés par les gemmeurs les moins fortunés et ce, à tour de rôle, de sorte que personne ne soit lésé.

3 juillet 1894. Il annule les réjouissances du 14 juillet, en raison de l'assassinat du Président de la République, Sadi Carnot, et distribue aux pauvres les 50 F prévus pour la fête.

19 août 1894. Le pont du goua de Barsacq enjambant le Bez sur le chemin vicinal Labastide-route de Tartas s'est effondré. Coût des réparations, 600 F à prendre sur les fonds libres.

1er novembre 1894. Vote d'un crédit de 25 F pour propager dans les campagnes le vaccin du Dr Roux, pour lutter contre le croup qui a fait plusieurs victimes dans les hameaux.

11 novembre 1894. Vote d'un crédit de 80 F en faveur de l'instituteur pour les cours du soir qu'il donne aux adultes demandeurs.

19 mai 1895. L'instituteur souhaite que la mairie achète une collection de tableaux d'Histoire de France... « La municipalité voulant concourir dans la mesure du possible au progrès de l'instruction » vote la dépense : 15 F. Mais :

A l'époque où la voiture entre peu à peu dans les mœurs, on se fait photographier à son volant dans les fêtes de village, comme ici à Villenave. (coll. Dubedout, document daté de 1924)

« le conseil municipal sollicite la bienveillance de M. Le Ministre de l'Instruction Publique en raison des sacrifices que la commune s'impose par la concession d'une collection, d'autant qu'elle fait pareil pour l'école des filles ».

9 février 1896. Le conseil municipal demande aux chemins de fer qu'un train supplémentaire parte de Labouheyre ou Ychoux afin d'arriver à Dax avant 8 heures les jours de marché des produits résineux, car les gemmeurs de la commune sont pénalisés. Ils arrivent trop tard, à 10 heures, alors que les Bayonnais là depuis 7 h 30, ont déjà fait les prix.

17 mai 1896. Les élections ayant eu lieu, les nouveaux élus choisissent le maire. Ambroise Claverie garde son poste. Autour de lui siègent : Norbert Grué, Jean-Baptiste Poudens, Louis Puyou, Raymond Fillancq, Jean Labau, Dominique Pomiès, Louis Pomiès, Jacques Bellegarde et Girons Dontan.

29 novembre 1896. Le phylloxéra gagne les vignes de Labastide, sis à Villenave. M. Samanos, propriétaire, demande au conseil municipal de reconstituer le vignoble avec des cépages résistants aux maladies. Une lettre est alors adressée au Préfet, afin qu'il saisisse la commission départementale pour que la commune de Villenave « essentiellement viticole » soit autorisée à introduire d'ores et déjà des pieds de vigne résistants.

14 février 1897. Litige entre la commune et l'entrepreneur Bonnemaison au sujet de la construction de la nouvelle église. Les affaires ne s'arrangent pas entre les deux parties qui se séparent, la municipalité réglant au tarusate 28 500 F pour solde de tous compte. Elle demande au Préfet de poursuivre par marché de gré à gré les travaux restants : dallage en ciment, vitrerie, voûte, escalier en bois, couronnement de la Tourelle, établissement de la flèche du clocher, sculptures, plafond de la sacristie, ferrures et menuiserie, le tout évalué à environ 8 000 F. (Cependant, le 30 mai, aucun entrepreneur ne s'étant présenté, M. Bonnemaison reprend le chantier avec toutefois des ambitions financières revues à la baisse).

12 décembre 1897. Vote d'un crédit de 40 F pour agrandir les lieux d'aisance de l'école des filles, et toujours des rallonges pour l'église.

1898 : Un premier baptême a lieu dans la nouvelle église.

5 mars 1899. La dette de la commune concernant ses chemins vicinaux venant d'être remboursée, le conseil décide d'un emprunt de 15 000 F qui couvrira la construction d'une nouvelle école de filles, de deux préaux et d'un puits place des écoles, le tout pour 3 000 F. 6 000 F seront affectés à la réfection d'un chemin dans le quartier de Rey, 4 000 F pour un autre dans le quartier des Romains, 1 200 F pour celui allant de la côte de Creyture à Labastide vers le Goua de Barsacq, 600 F sont prévus pour l'enduit en ciment des murs de l'église et 200 F pour le déplacement des halles.

19 janvier 1900. Avec le siècle, le conseil municipal nomme un garde-cantonnier, Jean Hubert, 35 ans, cultivateur. Il est chargé de la surveillance de la commune, des résiniers, du marquage des pins et d'exécuter les travaux indispensables sur le chemin vicinal de Rion et autres chemins de petite vicinalité.

19 mai 1900. Nouvelles élections municipales, Ambroise Claverie reste maire. Son adjoint est Pierre Duthillo. Conseillers : Justin Grué, Jean-Baptiste Poudens, Raymond Frillang, Girons Dontan, Maurice Caunêgre, Louis Puyou, Dominique Pomiès, Louis Pomiès et Etienne Badet. Dans la foulée, la commune assure ses bâtiments contre l'incendie pour 31,45 F par an.

27 janvier 1901. Le maire expose au conseil qu'à la suite d'un grave accident s'est produit par une arme à feu, le nommé Martin Bouniort, métayer, est envoyé d'urgence à l'hôpital de Mont-de-Marsan, mais qu'il est nécessaire de l'aider à supporter les frais d'hospitalisation et de médicaments qui s'élèvent à 98 F. Le conseil lui alloue 88 F. Pour une autre hospitalisation, celle de la veuve Loubès, de Céron, qui s'est gravement brûlée, 60 F sont accordés.

30 octobre 1901. Un crédit de 800 F est voté pour acheter une chaire à l'église.

15 décembre 1901. Un crédit de 1 200 F est voté pour réparer le presbytère.

22 juin 1902. Un local pour abriter le corbillard est construit. Coût : 120 F.

6 novembre 1902. Devant la négligence des habitants, un arrêté interdit de couper la fougère seule, mais laisse la liberté de se fournir en soutrage toute l'année. Il défend expressément de couper le bois sur pied mais permet de prendre, sans instrument tranchant, les branches mortes.

23 novembre 1902. Création de la caisse des écoles dont le but est de faciliter la fréquentation des classes en mettant à la disposition de tous les élèves, des livres et des livrets de Caisse d'Épargne pour les plus appliqués, et des vêtements et chaussures pendant l'hiver ainsi que des aliments chauds aux plus nécessiteux.

31 mai 1903. Considérant que quatre aubergistes suffisent largement à satisfaire les besoins de la population, les conseillers décident de ne plus tolérer de cafés ambulants sur la place publique, y compris pendant les fêtes.

15 mai 1904. Nouvelles élections municipales, Ambroise Claverie est réélu.

3 juillet 1904. Création d'un atelier de charité pendant les périodes de chômage, qui s'occupera en travaux divers : assainissement des communaux, plantation de pins, entretien des chemins ruraux...

15 janvier 1905. L'entreprise Ducourneau s'engage à démolir à ses risques et périls l'ancienne école des filles.

29 janvier 1905. 23 personnes de la commune sont admises à recevoir l'assistance médicale gratuite.

12 mars 1905. Pose de la première pierre de l'école des filles.

14 mai 1905. Le conseil municipal décide que la fête patronale sera le 28 mai.

18 juin 1906. L'électricité arrive dans le village. Sept lampes de 16 bougies sont installées gratuitement par la Compagnie des Forces Motrices électriques de la Chalosse. La lumière est vendue aux habitants au prix de 19 F par an pour une lampe de 5 bougies, et jusqu'à 54 F pour une lampe de 50 bougies et plus. En outre, l'hecto watt/heure est facturé 0,07 centimes. A cela s'ajoute toute une série de frais divers et d'installations complémentaires.

21 novembre 1905. Achat de l'horloge du clocher de l'église pour 1 500 F.

25 mars 1906. La mairie s'installe au premier étage de l'école des filles, dans l'appartement prévu pour les instituteurs. Ceux-ci occupent désormais l'ancienne mairie où ils possèdent une pièce de plus.

15 décembre 1906. Nomination d'un nouveau garde-cantonnier : Mathieu Dudès.

Quant à la Séparation de l'Église et de l'État, il faut attendre 1907 pour en voir mention dans les délibérations du conseil municipal lorsque le 10 février, suivant les instructions sous-préfectorales, les élus statuent sur la location du presbytère et l'utilisation des cloches.

Pour le premier, le curé Gaye paiera 60 F par an à la commune, charge à lui de supporter les réparations de toute nature, frais d'assurance et autres charges.

En ce qui concerne les cloches, le conseil municipal pense que : « en les laissant pour l'exercice du culte à la merci du desservant, il en résultera des abus fâcheux qui feront l'objet de plaintes ultérieures. Pour ces motifs, il est décidé de ne pas payer le sonneur». En même temps, un règlement d'utilisation des cloches est établi qui, dans son article 2, stipule que pour le culte «les sonneries se feront à l'avenir comme par le passé» (!). Par contre, la municipalité se réserve le droit de sonner à discrétion du maire pour notamment les incendies et accidents importants, annoncer l'arrivée du percepteur, appeler les enfants à l'école, marquer la fête patronale et indiquer le lever du jour, le midi et le coucher du soleil.

10 mars 1907. Les conseillers refusent unanimement la circulaire préfectorale suggérant un repos hebdomadaire pour le service des Postes, «considérant que la commune n'a qu'une seule distribution par jour dans la matinée, et que sa suppression le dimanche et jours fériés nuirait considérablement aux intérêts de la population.»

14 avril 1907. La commune attribue les biens du Conseil de fabrique au bureau de bienfaisance.

22 décembre 1908. Il est décidé d'organiser un service d'inspection sanitaire pour les tueries particulières et de viandes destinées à la consommation publique. C'est le vétérinaire d'Ousse-Suzan, Jules Soubiran, qui en est chargé.

27 novembre 1914. Un crédit de 30 F est alloué au Noël du soldat Landais.

La Grande Guerre est là.

Appendice.

La Dame de Brassempouy.

La petite commune de Brassempouy, pas très loin d'Hagetmau, n'a rien de particulier. Quelques ateliers de faïence font vivre une partie de ses habitants et le temps s'y écoule comme partout dans les Landes situées sur les premiers contreforts des Pyrénées, jusqu'au jour où, en 1880, est découverte la grotte du Pape, fouillée sommairement par le landais Pierre-Eudoxe Duballen.

Dix ans plus tard, Léon Dufour et J. De Laporterie reprennent l'exploitation. En 1892, au cours d'une excursion organisée lors du congrès de Pau par l'association française pour l'avancement des Sciences, deux premières statues d'ivoire sont trouvées. L'événement incite les deux hommes à entreprendre des recherches plus profondes en 1894. Ils découvrent alors des vestiges datés de 35 000 à 10 000 ans avant J.-C., dégagent une nouvelle galerie et mettent à jour plusieurs statuettes d'ivoire, dont la Dame de Brassempouy, autrement nommée la Dame à la capuche.

Cette tête de 3,50 cm, âgée de 20 000 ans environ, est une des seules figurines préhistoriques dont les traits du visage sont représentés, notamment le front, les sourcils et le nez. Sur la tête, des incisions régulières rappellent une chevelure.

En 1897, les fouilles sont abandonnées pour ne reprendre qu'un siècle plus tard.

Évêques d'Aire et de Dax :

Victor Delannoy, de 1876 à 1905.
Eugène Touzet, de 1905 à 1911.
Marie-Charles de Coruont, de 1911 à 1930.

Jusqu'en 1817, deux évêchés, Aire-sur-l'Adour et Dax se partagent le département des Landes. Réunis à partir de 1822 après avoir été l'un et l'autre supprimés au profit de Bayonne, ce n'est qu'en 1933 que les évêques choisissent définitivement Dax.

Préfets :

Max Cave-Esgaris, en fonction en février 1882.
Emile-Marie Paintel, en fonction en juin 1884.
Paul fournier, en fonction en février 1887.
Aristide Demangeat, en fonction en mars 1888.
Frédéric Mascle, en fonction en avril 1888.
Pierre Blanc, en fonction en décembre 1892.
François Pascal, en fonction en septembre 1894.
Edouard Férié, en fonction en septembre 1897.
Georges Meunier, en fonction en septembre 1902.
Augustin Anelot, en fonction en mars 1906.
Gaston Rosapelly, en fonction en mai 1907.
Eugène Delavaud-Dumonteil, en fonction en juin 1908.
Jean-Marie Ducaud, en fonction en novembre 1911.

Présidents du Conseil Général :

Gustave Loustalot, de 1881 à 1885.
Dr Tartas, de 1886 à 1889.
Alfred de Ces-Campenne, de 1889 à 1891.
Victor Lourties, de 1892 à 1922.

Députés et sénateurs de la période 1880-1914 :

Jean-Marie Boucau-Darmentieu : député de la seconde circonscription de Mont-de-Marsan en 1881 puis 1885. Président de la Société landaise d'agriculture.

Léo Buyssou : député de la seconde circonscription de Mont-de-Marsan de 1906 jusqu'à sa mort (1935).

Alfred de Ces-Campenne : sénateur à partir de 1887.

Jean Chaulet : député de Dax à partir de 1908.

Jean Demoulins de Riols : sénateur de 1892 à 1897. Maire de Saint-Léon-des-Mines, conseiller général du canton de Peyrehorade.

Théodore Denis : député de Dax de 1893 à 1906.

Pierre Deyris : élu député le 10 mai 1914.

Jean-Baptiste Dulau : député de Saint-Sever de 1891 à 1914. Secrétaire de la Chambre de 1891 à 1898.

Victor Lourties, président du Conseil Général de 1892 à 1922. Ce sénateur vice-président du Sénat en 1909, maire d'Aire-sur-Adour, fut ministre du Commerce et de l'Industrie. (coll. J.F.R.)

Louis de Guilloutet : député de 1863 à 1869, puis en 1877, 1881, 1889.

Armand Jacquey : général et député de la première circonscription de Mont-de-Marsan en 1898, réélu en 1902 et 1906.

François Jumel : député élu en 1886, 1889, 1893, 1898 et 1902. Maire d'Arjuzanx.

Gaston Lalanne : maire de Geloux de 1904 à 1908, puis d'Hagetmau. Conseiller général à partir de 1908. Député de Saint-Sever en 1911 puis 1919.

Arthur Latapy : sénateur en 1897 et 1906.

Félix Léglise : député de la seconde circonscription de Dax élu en 1881 puis 1886, 1889, 1893, 1908.

Victor Lourties : président du Conseil Général de 1892 à 1922. Sénateur dès 1888, vice-président du sénat en 1909. Ministre du commerce en 1894. Décédé dans un accident de voiture.

Gustave Loustalot : député de 1871 à 1889, dans la première circonscription de Dax.

Raphaël Milliès-Lacroix : maire de Dax en 1887, révoqué en 1894 par le Ministre de l'Intérieur, immédiatement réélu. Sénateur en 1897 jusqu'en 1932. Ministre des colonies en 1906.

Louis Pazat : sénateur de 1888 à sa mort, en 1897.

Marie-Raymond Ravignan : sénateur de 1876 à 1888.

Benoît Sourigues : député de Saint-Sever en 1889, directeur du journal *Le Progrès de la Chalosse*.

Bibliographie.

Alios magazine, n°4.
Almanach Sud-Ouest 1991, éd. Sud Ouest
Archives départementales des Landes (dossier « école d'autrefois »).
Bibliothèque de Mont-de-Marsan.
David Chabas, *Villes et villages des Landes.*
René Cusacq, *Le folklore des Landes*, éd. J. Lacoste.
Gaston Dupouy, archives personnelles.
Hossegor 1929, éd. Chabas.
Le *Journal des Landes,* années 1891 à 1900.
Landes Sportives, 1909-1910 (coll. personnelle de Pierre Beyria).
Légendes et sorcellerie dans les Landes, éd. Chabas.
Les grands crimes du Sud-Ouest, D. Lormier, éd. Sud Ouest.
Bernard Manciet, *Landes en feu*, éd. Sud Ouest.
Mimizan, bulletins municipaux.
Musée de la Chalosse : publications.
Nouvelliste de Bordeaux, almanach de 1905
Républicain landais, années 1885 à 1905.
Bernadette Suau (sous la direction de), *Mémoire des Landes.*
J. Tailletou, *Lit-et-Mixe.*
Monique Veaux, *Dax et de ses environs.*
Monique Veaux, *Mont-de-Marsan et sa région.*
Villenave, archives communales.

Remerciements à Eva et Gérard Ducourneau pour leurs souvenirs du temps passé, à José Sainz pour ses cartes postales et à Gérard et Maïté Dubedout.

TABLE DES MATIÈRES